VAI DAR CERTO

Jael Coaracy

VAI DAR CERTO

Atitudes de alto impacto para mudar a sua vida

3ª edição

BestSeller

CIP-Brasil. Catalogação-na-fonte
Sindicato Nacional dos Editores de Livros, RJ.

Coaracy, Jael
C583v Vai dar certo: atitudes de alto impacto para mudar a
3ª ed. sua vida / Jael Coaracy – 3ª ed. – Rio de Janeiro: Best*Seller*, 2007.

ISBN 978-85-7684-119-7
1. Auto-realização (Psicologia). 2. Metas (Psicologia). 3. Mudança (Psicologia). 4. Sucesso – Aspectos psicológicos.

CDD 158.1
06-0078 CDU 159.947

Capa: Sense Design
Foto da autora: Paula Johas
Projeto gráfico: Studio Creamcrackers
Editoração eletrônica: DFL

Direitos exclusivos desta edição reservados pela
EDITORA BEST SELLER LTDA.
Rua Argentina, 171, parte, São Cristóvão
Rio de Janeiro, RJ – 20921-380

Impresso no Brasil

ISBN 978-85-7684-119-7

Para

Mariza Tavares

Carlos Henrique Bessa

Jamil Damous

Agradecimentos

John Roger e John Morton, com quem
aprendi muito e continuo aprendendo.

Carlos Henrique Bessa, Eugenio Duarte,
Flávio Gikovate, Ilana Wainer, Jamil Damous,
Joanna Coaracy, Mariza Tavares, Reinaldo Bierrenbach,
Rhandy di Stefano, Renata Randi, Zezé Fassina.

Aos meus clientes que, com os resultados
que produzem em suas vidas, fortalecem,
a cada dia, meu entusiasmo com o trabalho
de *coaching*.

Sumário

Apresentação

Não é à toa que o primeiro capítulo de *Vai dar certo* tem o sugestivo título de "A coragem de olhar para dentro". Este é o primeiro (e, muitas vezes, o mais difícil) passo a ser dado por quem pretende ser dono do próprio destino.

Jael Coaracy, que há anos se dedica a dar suporte de *coach* a pessoas tanto em desafios profissionais quanto na delicada área dos relacionamentos, defende a tese de que os fracassos, na verdade, não existem, e que os vencedores são os que perseveram até conseguir o que desejam. E, neste caso, autopiedade e auto-indulgência devem estar com os dias contados para quem quer dar uma guinada na vida.

Há duas "bulas" para o livro: ele pode ser lido num fôlego só, principalmente para quem se deu conta de que não dispõe das ferramentas necessárias para tourear a própria existência, ou pode ser saboreado de acordo com a necessidade do momento — cada capítulo tem vida própria e se debruça sobre um assunto obedecendo a uma estrutura que, passo a passo, indica o caminho a ser trilhado. Um dos meus preferidos é o que trata da autodisciplina, que a autora define como "a chave mestra para o sucesso". Jael se vale de frases inspiradoras de grandes líderes e, em seguida, mergulha no tema ensinando como a falta de autodisciplina é prima-irmã da falta de sorte. Além da teoria, brinda o leitor com uma história (às vezes, mais de uma) real — e exemplar — para depois resumir as etapas que devem ser seguidas por quem pretende buscar a superação do problema.

Como lidar com a ansiedade; como aprender a dar *feedback* para os que estão à sua volta; por que tantas pessoas vivem em busca de aprovação, sem parar para se perguntar o que elas desejam para suas vidas. Esses são alguns dos tópicos abordados no livro mas, principalmente, são questões que estão no dia-a-dia de todos. Tenho certeza de que cada leitor vai se deparar com histórias muito parecidas com as vividas pelos que o cercam — inclusive ele próprio. O mais importante é refletir sobre comportamentos e padrões que se repetem e que, na verdade, sabotam o verdadeiro objetivo de todos nós: realização e felicidade. Afinal, "gente é pra brilhar". E Jael dá substancial contribuição para que isso aconteça.

MARIZA TAVARES

Diretora de jornalismo do Sistema Globo
de Rádio e diretora executiva da rádio CBN

Introdução: O tesouro interior

"O que se encontra atrás de nós e
o que está à nossa frente são coisas
insignificantes, comparadas com o que
existe dentro de nós."

Oliver Wendell Holmes

Muitas pessoas passam pelos anos à espera de um encontro com a sorte. E vivem vidas opacas, atravessando dias e noites sem entusiasmo, lamentando o que acham que poderia ter sido e que não foi. Comportam-se como indigentes à espera da caridade alheia, quando são donos de um tesouro incalculável.

Parecem desconhecer que ao chegar no mundo todos recebemos um tesouro capaz de suprir todos os desejos, um tesouro feito de riquezas que jamais se esgotarão, tão imenso é seu suprimento.

Cada qual tem a liberdade de fazer o que deseja com seu tesouro, até mesmo deixar de utilizá-lo, se for essa sua vontade. Mas saiba que esse tesouro é exclusivamente seu e, por isso mesmo, você é a única pessoa que poderá tomar posse dele.

É um tesouro interno, que não pode ser visto com olhos físicos. Não pode ser roubado, destruído ou deturpado. Poderíamos compará-lo a uma varinha de condão ou à lâmpada do gênio, pois seus diamantes e suas pedras preciosas, quando tocados, tornam realidade o que você cria na imaginação.

É preciso confiar que irá encontrá-lo antes de sair em sua busca. O mapa do caminho só lhe será revelado se houver determinação para seguir adiante. O caminho se chama autoconhecimento. É iluminado por luzes que acendem à medida que você segue, sem se deixar paralisar pelos desafios que surgem.

O medo, a dúvida, o ressentimento e a preguiça são vencidos pela força da vontade e transformados em coragem, confiança, efetividade e ação.

O mais incrível é que, quanto mais se avança, mais se quer prosseguir na aventura de descobertas constantes que o conectam com o universo infinito que se encontra em seu interior.

Até que num exato momento, quando você está pronto, percebe que o que buscou todo o tempo já estava dentro de si. Bem-vindo ao seu tesouro! Acredite e simplesmente faça. A ação é o fundamento da vitória. O que quer que queira experimentar é preciso, antes, aprender a ser a própria mudança que você deseja ver na sua vida. Confie. Você tem tudo de que precisa para ser feliz. Vai dar certo.

Capítulo 1

A coragem de olhar para dentro

"Sua visão se tornará clara somente quando você olhar para dentro do seu coração. Aquele que olha para fora sonha. Aquele que olha para dentro desperta."

Carl Gustav Jung

"Seja corajoso o bastante para viver criativamente. O criativo é o lugar onde ninguém esteve antes. Você tem que deixar para trás a cidade do seu conforto e entrar no espaço aberto da sua intuição. E não poderá chegar lá de ônibus, somente com trabalho duro, correndo riscos, sem saber exatamente o que se passa. O que descobrirá é maravilhoso: você mesmo."

Alan Alda

"O homem ignorante não é o homem sem instrução; é aquele que não conhece a si mesmo."

Krishnamurti

Se você tentou conseguir algo na vida e não deu certo — não importa o que tenha sido nem quantas vezes tenha tentado —, cuidado com os rótulos que utilizar ao se referir a essas experiências. O fato é que tudo o que fazemos na vida produz resultados, e, se algo não saiu do jeito que você esperava, não há por que chamar o resultado obtido de fracasso.

A verdade é que não existem fracassos, apenas resultados.

Os grandes sucessos, em geral, resultam de erros transformados em lições. Os vencedores são os que perseveram e seguem em frente até conseguirem o que desejam, não importa quantas vezes seja necessário tentar.

Ao representar para você mesmo como uma derrota o que não funcionou antes, o que está fazendo é usar as palavras para se derrubar.

Palavras são chaves que produzem estados emocionais e precisam ser escolhidas com atenção. Se parar para observar, perceberá que todas as experiências da sua vida encerram um aprendizado. Ao aprender a lição contida em cada uma delas, você adquire as ferramentas de que precisa para fazer diferente.

É preciso coragem para errar e aprender com os próprios erros.

Aprendendo com a experiência

A dor e o sofrimento podem ser transformados em mestres que o impulsionarão a vencer desafios e a descobrir seu caminho. Para isso, é necessário ter a coragem de olhar para dentro de si e observar o que está presente em seu interior.

Ao descobrir a lição contida em cada experiência, você adquire força para empreender o trabalho da autotransformação.

Enquanto não se aprende a lição que uma experiência traz, o universo continua a apresentar a mesma situação, de formas variadas, trazendo novas e contínuas oportunidades para que se faça o aprendizado necessário.

Por isso, tantas pessoas se vêem em situações semelhantes, que parecem reproduzir um sofrimento conhecido. A única maneira de se libertar é por meio do aprendizado.

O poder está em você

Embora você possa acreditar que a fonte da sua angústia, do sentimento de rejeição ou da tristeza profunda esteja na atitude do seu namorado, do seu chefe, da sua mãe, mulher, ou de quem quer que seja, a causa da dor que sente está dentro de si mesmo.

Por isso, quando a atitude de alguém faz sua energia diminuir e você se sente mal, é no seu interior que encontrará a chave para compreender o que acontece de fato e, assim, evitar que isso volte a se repetir.

Colocar-se no lugar da vítima e atribuir aos outros a responsabilidade pelo modo como se sente, ou pelos acontecimentos da sua vida, é continuar a promover o mesmo tipo de situação que deseja evitar.

Se quer, honestamente, mudar o que não está funcionando, é preciso ter a coragem de olhar para dentro. Para virar o jogo, é preciso reconhecer o que está presente dentro de você.

Todo mundo tem tudo para executar o trabalho a que se dispõe. Mas a única forma de acessar essas ferramentas é se lançar num mergulho interior.

Faça diferente

Você pode deixar seu veleiro ao sabor dos ventos e das ondas. Mas não se surpreenda nem se queixe se o barco virar.

Pode também se tornar mestre na arte de manejar as velas e de conduzir o barco durante as tempestades, tornando-se exímio marinheiro. E, assim, desenvolver a habilidade de driblar as mudanças de vento para chegar ao porto com segurança, desfrutando a viagem.

O importante é ouvir seu coração e experimentar.

Movimente-se de uma nova maneira na vida. Não tenha medo de errar. Faça como uma criança que aprende: ela cai e sua única alternativa é tentar novamente, até dominar a capacidade de andar.

Desafie sua zona de conforto e implemente novas ações diante de velhos impasses. Se tiver de errar, erre com o coração, consciente de que os erros nada mais são do que *feedback* para mostrar que ainda não foi dessa vez que chegou lá.

Thomas Edson tentou milhares de vezes, até chegar à invenção da lâmpada elétrica. Ele dizia que cada tentativa malsucedida o aproximava ainda mais da vitória. Descobria novas formas de não inventar a lâmpada elétrica até conseguir o que realmente procurava.

Aquilo que acontece na vida não é bom nem ruim. Vai depender da maneira como você utilizar o que acontecer. Existe a opção de transformar a dor em força, sabedoria, humildade e determinação, utilizando tudo para sua felicidade. Comece olhando para dentro. Coragem.

Exemplo:

Roberto sempre foi um rapaz brilhante, com uma inteligência que se sobressaía onde ele estivesse. Aos 21 anos formou-se em economia e foi para os Estados Unidos fazer MBA em uma conceituada universidade. Todos apostavam no sucesso do rapaz. Não foi surpresa quando Roberto foi contratado por uma grande empresa que buscava jovens talentosos. Esperavam que ele ascendesse na carreira, mas Roberto foi demitido em pouco tempo. Jovem, cheio de energia e vontade de trabalhar, com um currículo invejável, nem ele acreditou quando isso aconteceu. Contratado por outra multinacional, quase imediatamente, não emplacou mais de um ano lá. Isso se repetiu algumas vezes.

Enquanto seus colegas de faculdade menos inteligentes, com formação acadêmica inferior à dele, faziam carreiras de sucesso, Roberto entrava e saía das empresas, que o demitiam apesar do seu perfil profissional.

No início, ele culpou os chefes, a inveja dos colegas, a cultura da empresa, buscando justificativas para as demissões. Quando foi demitido pela quarta vez, parou de buscar culpados e decidiu olhar para dentro.

Na verdade, a causa de ser afastado das empresas nas quais trabalhava não tinha relação com seu desempenho profissional, mas com seu relacionamento com os colegas. Sua postura era arrogante e não sabia trabalhar em equipe, habilidade fundamental para um executivo. Tinha um comportamento competitivo e agressivo, gerando conflitos e desagregando os grupos dos quais participava. Recebera *feedback* do pessoal do departamento de RH, mas não tivera a humildade de levar em consideração o que disseram.

Foi difícil admitir que não bastavam inteligência e formação profissional, pois as empresas procuravam, acima de tudo, profissionais com inteligência emocional, capazes de trabalhar em equipe.

Ele resolveu mudar de atitude e procurou a ajuda de um *coach* para desenvolver as habilidades que lhe faltavam. No momento em que se abriu para olhar o mundo com novos pontos de vista, se deu conta do quanto suas antigas atitudes se voltavam contra ele mesmo.

Ao perceber a própria capacidade para mudar internamente, passou a participar de seminários de liderança, inteligência emocional e outros. Hoje, é diretor de uma importante empresa do setor químico. Suas equipes são incentivadas a aperfeiçoar o relacionamento interpessoal e a boa comunicação. Há algumas semanas foi indicado como executivo do ano pelos funcionários da empresa.

Exemplo:

Quando seu terceiro marido a traiu, Eleonora concluiu que tinha fracassado. Com dois filhos pequenos, enfrentando dificuldades financeiras, culpou a si mesma por ter acreditado que poderia ser feliz no amor. Trabalhava como tradutora e revisora e dava aulas particulares de inglês para manter a família num pequeno apartamento.

Só não conseguia se libertar da raiva e do ressentimento que sentia em relação aos homens. Dos 35 aos 40 anos, trancou-se para os relacionamentos, afastando qualquer um que se aproximasse. Seguia a vida, numa rotina de 12 horas de trabalho, sem lazer e sem amigos. Viveu assim até cair de cama com depressão. O tratamento, além dos remédios, incluía psicoterapia.

Com a ajuda da psicóloga, começou a olhar para dentro e a se descobrir. Percebeu que o problema não estava nos maridos que a traíram, mas nela mesma.

Em conseqüência da infância difícil, não se considerava merecedora de amor. Por causa da baixa auto-estima procurou, inconscientemente, homens que não a valorizaram e que a trocaram por outra.

O que Eleonora tinha de aprender com aqueles casamentos é que precisava amar a si mesma e se valorizar para atrair outro tipo de homem. Percebeu que a raiva e o ressentimento estavam agindo como uma barreira que a mantinha afastada de si mesma. Arregaçou as mangas, disposta a um confronto com seus medos e suas inseguranças. A partir daí, a mudança aconteceu aos poucos. Conseguiu uma bolsa para fazer mestrado, ampliou o círculo de amizades, passou a sair com o pessoal da faculdade, e a vida foi mudando.

Ao aprender sua lição, ela se libertou do passado e abriu caminho para um novo relacionamento. Tornou-se uma mulher madura, aberta para a vida e disposta a buscar sua felicidade. Atualmente, Eleonora está namorando e vive o relacionamento com prazer e tranqüilidade. E, o que é melhor, sem pressa nem expectativas, porque aprendeu que ela não precisa de ninguém para gostar de si mesma.

Ter coragem de olhar para dentro é...

▸ Compreender que os julgamentos o mantêm prisioneiro das suas interpretações. Substitua o julgamento pela aceitação e perceberá que cada um faz o melhor que pode de acordo com seu nível de consciência. Ao aceitar o que não pode ser mudado, você poderá modificar sua atitude e produzir novos resultados na vida.

▸ Ter clareza sobre o que realmente importa para você, sem se deixar influenciar por falsas necessidades ou expectativas. A compreensão do sentido da vida só é possível quando você vive a partir do coração. Fique com o que importa e estará investindo no que conta na vida.

▸ Reconhecer que você é um ser único e que a única pessoa com quem pode se comparar é com você mesmo. Observe seu progresso, comemore cada passo adiante, reconheça suas conquistas íntimas. A gratidão abre espaço para receber mais.

▸ Entrar em contato com as emoções negativas sem julgá-las e sem se deixar dominar por elas, descobrindo a mensagem positiva que elas contêm. Ao se dar conta da intenção positiva das emoções negativas você adquire as chaves para abrir as portas de uma nova forma de viver.

▸ Procurar ajuda sempre que precisar. Ao reconhecer que não está conseguindo fazer o trabalho sozinho busque recursos e ferramentas que o ajudarão no processo.

▸ Alimentar o pensamento com idéias positivas e otimistas. Assim como o que você põe no seu prato se reflete na sua saúde, seus pensamentos se refletem nas circunstâncias da sua vida. Pense o melhor e o melhor virá.

▸ Reservar alguns momentos por dia para estar com você. Faça meditação, ioga ou ore. Faça do seu jeito, mas mantenha o compromisso de se voltar para dentro.

▸ Comprar um caderno e passar a anotar seus pensamentos, monitorar seu progresso e escrever lembretes para manter a conexão com seu interior.

▸ Perguntar-se como pode expressar seu amor por você mesmo. Dê-se algo de que precise internamente. Pode ser uma alegria, um prazer estético, um momento de paz, uma atitude, uma pausa para contemplação. Ouça sua voz interior e saberá o que proporcionar a si mesmo.

Capítulo 2

O pensamento na era quântica

"Imaginação é mais importante do que conhecimento. Enquanto o conhecimento define o que todos nós sabemos e compreendemos, a imaginação aponta para tudo que pode ser descoberto e criado."

Einstein

"O pensamento é o ensaio da ação."

Sigmund Freud

"Os impérios do futuro são os impérios da mente."

Winston Churchill

O pensamento é a ferramenta quântica com que construímos nosso destino.

É a força do pensamento que põe em ação a lei que faz com que aquilo em que alguém pensa regularmente termine por se manifestar na vida, tornando-se realidade.

O poder do pensamento tem sido descrito nos livros sagrados de todas as religiões, em todos os tempos. Correntes filosóficas, religiosas e científicas traduzem, com diferentes palavras, a lei cósmica segundo a qual o pensamento é criador.

Dependendo do que você pensar a maior parte do tempo, poderá tornar sua vida plena de entusiasmo e realizações, ou a transformará num cenário de sombras e frustrações.

Buda dizia, milhares de anos antes da era Cristã: "Somos o que pensamos. Pense no bem, e o bem se seguirá, pense no mal, e o mal se seguirá."

A verdade é que você se torna aquilo que você pensa e só realiza aquilo que acredita ser capaz de realizar. Por isso, diz-se que, se alguém acreditar que pode fazer algo, está certo. Mas se acreditar que não pode, está certo também.

Suas crenças se transformam em profecias que se auto-realizam. Quando alguém acredita na própria força para alcançar um objetivo, descobre os meios de concretizá-lo.

Quando, ao contrário, alguém não acredita na própria capacidade de fazer algo, mesmo que possua todos os recursos necessários para tal, sua mente irá bloqueá-los, confirmando sua crença.

Pensamento é energia. Onde você coloca seu pensamento é para onde direciona sua energia.

Você não precisa entender tudo

Você não precisa estudar física para estar sujeito à força da gravidade que atrai os corpos para o centro da Terra a uma dada velocidade. Também não é necessário entender de eletricidade para apertar o interruptor e acender uma lâmpada para iluminar a escuridão. Bilhões de seres no planeta encontram-se sob as leis cósmicas que determinam a maneira como o DNA é transmitido, o grau de inclinação do eixo da Terra, o movimento dos planetas em torno de si mesmos e do Sol, a fotossíntese e todas as outras manifestações da inteligência infinita.

O pensamento na era quântica

Imagine a mente como resultado de interações de energia que contêm informações produzidas pelo pensamento.

Pense então nos neurônios que através das sinapses cerebrais respondem ao padrão de pensamento dominante e geram estados de consciência. Observe que esses estados de consciência, por sua vez, estabelecem freqüências vibratórias específicas, produzindo outros pensamentos na mesma faixa vibratória.

Assim como uma estação de rádio transmite em determinado comprimento de onda, os pensamentos atraem outros pensamentos que vibram na mesma freqüência.

Por isso, aquilo que você pensa determina sua saúde física, emocional, mental e espiritual. É como um jogo mágico de espelhos que devolve à superfície aquilo que está dentro de você.

Invisíveis aos olhos físicos, os pensamentos se irradiam e se juntam às correntes de pensamentos da mesma natureza, aumentando sua força, seja para o bem ou para o mal.

Somos responsáveis por nossos pensamentos

Você pode interferir no modo como seu cérebro processa informações, escolhendo o tipo de insumos com que alimenta sua mente e, assim, influenciar o funcionamento dos neurônios que acionam o sistema nervoso e liberam seus recursos internos.

Se você tem esse poder, por que não usá-lo a seu favor?

Um simples pensamento pode ativar certas áreas do cérebro ligadas a emoções específicas. Não fazer isso é mais ou menos o mesmo que possuir tesouros incalculáveis e viver na pobreza, mendigando pelo mundo, enquanto suas riquezas permanecem intocadas.

O pensamento é um instrumento poderoso que lhe dá a oportunidade de viver a vida de seus sonhos. Não se trata de acreditar ou não, uma vez que é possível comprovar através da sua experiência seu poder criador.

Para criar a vida que deseja, é preciso dar atenção máxima àquilo que você pensa.

Alimentando a mente

Os pensamentos têm origem em várias fontes; muitas inconscientes. Embora não se possa controlar os pensamentos que surgem na mente, é possível aprender a substituí-los por outros, de modo que os pensamentos negativos e limitantes permaneçam o menor tempo possível com você.

Tudo aquilo com que você entra em contato influencia seus pensamentos. Por isso, é fundamental selecionar no mundo as informações com as quais se alimenta internamente. Uma pessoa que tenha bom senso não escolherá alimentos venenosos. Da mesma forma, é preciso reconhecer e evitar os venenos para a mente e para o espírito.

Jornais sensacionalistas, programas de televisão que se concentram na violência, nos escândalos, nas fofocas, em comentários e críticas sobre a vida alheia são venenos que alteram a freqüência vibratória do pensamento e o situa na mesma faixa dos acontecimentos com que estão sendo sintonizados.

Pessoas negativas, que estão sempre reclamando da vida, também não são um alimento saudável. Se não houver a intenção de ajudá-las nem a estrutura emocional para apoiá-las, o melhor é se manter afastado.

É possível evitar o contato com pessoas que estejam em outro nível de consciência sem pensar mal a respeito delas. Enviar um pensamento de amor para que sigam seu caminho com luz e paz é o melhor a fazer.

Mantendo-se vigilante e impedindo que pensamentos de desânimo, desconfiança, tristeza, medo e preocupação ganhem espaço na sua mente, é possível permanecer num estado positivo e afastar a influência dos pensamentos negativos. Isso fortalece o otimismo e a confiança, e o resultado é que os pensamentos negativos irão ocorrer cada vez menos.

A predominância de pensamentos bons passa a captar correntes mentais da mesma natureza, atraindo para sua realidade todas as coisas que são boas.

Exemplo:

Mayara nasceu num vilarejo no Amazonas. Para ir à escola, tinha de caminhar uma hora e meia e, depois, tomar o barco que demoraria mais 45 minutos para deixá-la perto da escola. Era a caçula de oito irmãos e sonhava com uma vida diferente da que a cercava. Seus pais eram amorosos e se preocupavam com os sonhos da filha, os quais consideravam impossíveis.

Mayara, entretanto, acreditava no seu desejo de uma vida melhor. Todas as noites ela se imaginava estudando numa daquelas universidades que via nos filmes na televisão. Secretamente, sem comentar com ninguém, vivia isso na imaginação como se fosse realidade. Lia tudo o que lhe caía nas mãos, prestava atenção em qualquer informação e aproveitava as visitas de turistas à região para saber mais sobre o mundo além dos limites da mata e dos rios.

Tinha tanta confiança que conseguiria realizar seu desejo que chegou a escolher o curso universitário: economia.

Queria entender por que alguns lugares eram tão pobres e desprovidos de tudo, como aquele em que morava, e outros tão ricos e cheios de oportunidades. Conversando com um engenheiro que trabalhava lá, convenceu-se de que estudar economia lhe daria as respostas que buscava. Aos 18 anos nada havia mudado em sua vida.

Terminara o segundo grau e ajudava a família. Ainda assim, dia após dia, antes de dormir, passava na sua mente o filme em que se via levando a vida que queria. Faltava pouco para completar 19 anos quando uma equipe de televisão passou alguns dias no vilarejo, para fazer um documentário sobre a região.

Mayara se ofereceu para ajudar a equipe mostrando e apresentando locais e pessoas que conhecia desde a infância. Fez amizade com o pessoal da produção, que reconheceu nela a garra de quem sabe o que quer. O grupo resolveu apoiá-la e ofereceu casa e ajuda para ela estudar no Rio de Janeiro.

Mayara não teve dúvidas e partiu ao encontro do seu sonho. Manteve o pensamento no que queria e, seis meses depois, já trabalhava na produtora como assistente de produção, enquanto fazia cursinho pré-vestibular com uma bolsa de estudos. Quando seus pais vieram para sua festa de formatura, Mayara tinha, enfim, realizado seu sonho.

Graças ao seu pensamento, ela atraiu para si as circunstâncias de que precisava para torná-lo real. E, apesar das evidências contrárias, manteve-se firme e jamais deixou de acreditar no que queria.

Usar o poder do pensamento a seu favor é...

- Escolher com cuidado o ponto para onde dirige sua atenção. Ao voltar seu pensamento para um alvo determinado, você fortalece e amplia aquilo em que está se concentrando.

- Focar tudo o que existe de bom na sua vida. Desenvolva o hábito de estar grato por todas as suas circunstâncias. Aprenda a se perdoar, e a perdoar a todos, para não guardar lixo emocional dentro de si.

- Ao perceber que um pensamento negativo ocupou sua mente, não brigar com ele nem se culpar por isso. Simplesmente, substitua-o por um pensamento positivo que neutralize o anterior.

- Observar que pensamentos mantêm sua motivação em alta e cultivá-los até mudar seu padrão de pensamento habitual.

- Fechar os olhos num lugar tranqüilo e usar a imaginação criativa para se ver, ouvir e sentir vivendo a vida que deseja ter. Lembre-se, porém, de que nem tudo o que se quer é o melhor. Peça tudo para o seu Bem maior. Se o seu Bem maior não for exatamente o que você quer, da maneira como quer, você receberá o equivalente àquilo que deseja, de outra forma.

- Buscar estímulos positivos e selecionar com cuidado aquilo que lê, ouve e fala. Procure estar com pessoas positivas, confiantes, responsáveis e amorosas.

- Andar em boa companhia. Não só de pessoas, mas também de pensamentos.

- Escrever afirmações positivas num caderno e repeti-las inúmeras vezes. A repetição ajuda a transformar uma afirmação em uma verdade interna. E aquilo em que se acredita se reproduz na vida.

- Manter a energia sintonizada com o que é elevado. Faça meditação, ore, fique em contato com a natureza, admire uma bela obra de arte. Fazer isso é um modo de dar alimento positivo para seu espírito.

- Aceitar que, se você não pode escolher os pensamentos que surgem, pode escolher aqueles que conserva em sua mente.

Capítulo 3

Você conhece seu propósito de vida?

"O caminho para a realização do propósito
de vida não é sempre fácil.
Às vezes, parece que os outros nos atrapalham
mais do que ajudam. Mas, se aceitarmos
cada momento como perfeito e se
conservarmos os olhos abertos para as
oportunidades, as portas certas se abrirão
no tempo certo.
E estaremos prontos."

Deepak Chopra

"Qualquer caminho é apenas um caminho
e não é afronta alguma passar por ele, se
é isso o que seu coração diz a você...
Olhe para cada caminho de perto e com
vontade. Tente quantas vezes achar necessário.
Então, pergunte a você mesmo, só a você:
esse caminho tem um coração?
Se tiver, o caminho é bom. Se não,
não tem valor algum."

Carlos Castaneda

"Seu trabalho é descobrir o seu trabalho e, então, entregar-se a ele com todo o coração."

Buda

Todos nós temos um propósito. Algo que faz parte da nossa essência, que dá sentido à nossa existência. É o que nos indica o caminho a seguir, entre tantos que se apresentam. O propósito é maior do que a nossa personalidade, do que as nossas crenças e do que aprendemos com as outras pessoas e com o mundo sobre nós mesmos.

Um propósito claro é a fonte da felicidade, do brilho, da paixão e da realização interior. Sem ele não há como traçar um caminho para a realização pessoal.

Pessoas que bloqueiam a consciência do seu propósito correm o risco de levar vidas sem sentido, como um barco à deriva, sem porto de chegada.

Quando você está cumprindo seu propósito, o trabalho deixa de ser trabalho e se torna prazer: você se diverte com o que outros chamam de trabalho, porque o que está fazendo é expressar no mundo seu potencial.

O valor do propósito de vida

Para formular objetivos alinhados com seu ser verdadeiro, a pessoa que você realmente é (e que, muitas vezes, não tem nada em comum com o modo como o mundo o vê), é preciso estar conectado com seu propósito.

Seu propósito permite o desenvolvimento do seu potencial e o leva a fazer diferença no mundo. Não há dinheiro, sucesso, beleza que valham mais do que isso. Ao ter senso de propósito, você pára de se preocupar com a vida. E se ocupa do presente, vivendo a alegria do aqui e agora.

A clareza de propósito é um norte que configura a bússola interna e o avisa sempre que você se afasta do seu eixo e perde o contato com as verdadeiras razões da sua existência.

Descobrindo seu propósito

Você já conquistou um objetivo e mesmo assim continuou sentindo um vazio por dentro, concluindo depois que aquele objetivo não era tão importante?

Muitas pessoas perseguem um objetivo e, ao alcançá-lo, não sentem mais do que uma satisfação momentânea. Objetivos estão relacionados com o que você quer alcançar. Propósito tem a ver com o porquê você escolhe um objetivo.

Sem um porquê bastante forte, de nada adianta traçar objetivos. O senso de realização por alcançá-los só se torna duradouro e verdadeiro quando suas conquistas estão alinhadas com seu propósito de vida.

Se tivesse certeza absoluta de que teria sucesso, a que dedicaria sua vida?

Ou, em outras palavras, se tivesse tudo o que deseja, sem preocupação de espécie alguma, ainda assim o que o motivaria a entrar em ação?

Conhecer seu propósito lhe dá a força e a determinação necessárias para buscar seu lugar no mundo.

Vivendo seu propósito

Quando uma idéia ou um projeto produzem grande quantidade de energia e entusiasmo em sua vida, é sinal de que você está conectado com seu propósito.

Já imaginou como seria sua vida se, ao se levantar, todas as manhãs, fizesse aquilo que adora fazer? E se investisse seu tempo e energia num trabalho que é mais do que uma forma de pagar suas contas, algo que justificasse sua vida e representasse a oportunidade de exercer seus talentos?

Para muitas pessoas a obrigação de pagar contas e de sobreviver é um impedimento para dedicar-se a um trabalho de que simplesmente goste. Entretanto, todos podem encontrar um modo de ganhar a vida trabalhando em algo em que possam exercitar seus talentos, algo que preencha seu propósito de vida.

Seja em uma empresa, prestando serviços, criando ou desenvolvendo seu próprio negócio, ao fazer aquilo que faz melhor, estára ajudando a transformar este mundo num lugar mais amoroso.

Ao viver seu propósito, você pára de se preocupar com a vida e se torna alegre. Deixa de trabalhar apenas em troca de um retorno financeiro e obtém a maior das recompensas: a auto-realização. Você ri mais e vive mais feliz, porque ama o que está fazendo.

Não julgue um propósito

Não há propósitos pequenos ou insignificantes. Todos são valiosos e importantes. Um propósito não significa, necessariamente, grandes projetos, invenções ou idéias extraordinárias.

Ao contrário, muitas vezes ele está ligado a tarefas e valores que dão consistência ao dia-a-dia. Criar filhos e educá-los, ensinar, curar, consolar são exemplos de propósitos valiosos. O propósito de cada um é o seu tesouro.

Sucesso é poder viver seu propósito

Não importa quanto sucesso você faça aos olhos do mundo; se não estiver realizando seu propósito, será como uma ferramenta desenhada para um trabalho e que não é utilizada nesse objetivo.

Você usaria um bisturi de cirurgião para cortar pão ou abrir envelopes? Compraria um telefone celular para usá-lo como peso de papel? Acha razoável dirigir um carro de corrida para levar crianças à escola? É mais ou menos o que acontece quando você ignora seu propósito de vida.

Quando está alinhado com seu propósito, mesmo os maiores desafios tornam-se um jogo cheio de motivação. Você consegue fazer muito sem sentir cansaço ou ansiedade.

Exemplo:

Eduardo é a terceira geração de uma família de advogados cujo sobrenome tornou-se referência de perícia no mundo jurídico. Sendo o filho mais velho, o caminho de Eduardo foi delineado antes mesmo de ele ingressar na universidade.

Herdeiro do escritório de advocacia da família, assim que entrou para a faculdade começou a trabalhar lá.

Especializou-se em Direito Comercial e tornou-se mais um respeitável advogado da tradicional família. A postura profissional impunha relacionamentos formais com os clientes e uma vida discreta a fim de preservar a credibilidade social.

Aos 42 anos, porém, sem dar sinal de que havia algo errado em sua vida, Eduardo saiu de casa e pediu divórcio.

Sua ansiedade havia atingido níveis intoleráveis e nada mais o satisfazia. Entrou em conflito com a família e ninguém parecia compreender o que estava acontecendo. Pela primeira vez, Eduardo sentia-se perdido, sem direção. Não queria continuar levando aquela vida, mas não tinha idéia do que fazer. Comprou uma passagem para a Europa e saiu de férias.

Numa excursão de bicicleta pelo interior da França, teve oportunidade de conversar com o proprietário de uma pequena agência de turismo ecológico. Soube que ele tinha sido um homem do mercado financeiro mas que abandonara tudo para fazer o que gostava. Foi a primeira vez que ouviu alguém falar em propósito de vida.

Por mais que tentasse, parecia que seu propósito lhe escapava, de tal forma tinha se condicionado a fazer o que sempre fizera. Ao voltar para o Brasil, Eduardo buscou ajuda para descobrir quem realmente ele era.

Quando adolescente, gostava de organizar festas, reunir pessoas, divertir-se em ambientes animados com música e dança. Seguindo por esse caminho, descobriu que seu propósito era conectar pessoas e fazer com que se divertissem. Percebeu que, se não desse uma guinada na vida, viveria frustrado e amargurado.

A consciência do seu propósito fez com que se desligasse do escritório da família. Abriu uma empresa de eventos, passou a promover festas, feiras e festivais e logo alcançou o sucesso. Encontrou uma companheira que compartilhava sua opção por um estilo de vida descontraído e sem rotina.

Atualmente, mesmo quando precisa virar a noite e ficar dias quase sem dormir, Eduardo se sente energizado e feliz. Como lembrança do que chama de "a outra encarnação", guardou uma única gravata, emoldurada na parede de casa.

Entrar em contato com seu propósito de vida é...

- Observar quais atividades o deixam com uma sensação de felicidade e plenitude.

- Aprender com as experiências que não deram certo antes. O que costumamos chamar de fracasso, na verdade, é aquilo que alguém faz quando não está participando do seu propósito de vida. Ao "fracassar", você ganha a oportunidade de mudar de direção e ir ao encontro de seu propósito.

- Reservar um tempo todos os dias para estar com você mesmo em silêncio e ouvir o que seu coração diz. Todas as respostas que procura estão dentro de você, mas para ouvi-las é preciso se aquietar e voltar a atenção para dentro. Desligue a campainha do telefone, a música, a televisão, e deixe lá fora os estímulos externos.

- Perceber a essência comum dos desafios que se apresentam em sua vida. Ao entrar em contato com as situações que se repetem na sua experiência, chegará mais facilmente à descoberta do seu propósito de vida.

- Perguntar a si mesmo e aos seus amigos quais são as habilidades que o tornam especial. O que você mais gosta de fazer? A resposta contém uma chave para encontrar seu propósito.

- Identificar a diferença entre o desconforto de não estar cumprindo seu propósito de vida e o desconforto natural do processo de crescimento que faz parte da expansão de vida.

► Compreender que a depressão pode ser um sinal de que você está longe do seu propósito.

► Buscar novas respostas fazendo perguntas diferentes. Mude o foco da sua atenção, amplie sua percepção, experimente agir de outro modo.

► Perceber o que existe em comum nas situações em que se sentiu feliz e em paz. Quais os valores presentes? Utilize essa informação como referência que poderá levá-lo ao reconhecimento do seu propósito de vida.

► Observar o que o faz sentir-se inteiro. Pode ser uma atividade em que você não perceba o tempo passar, tamanha é a integração entre você e o que está fazendo.

► Fazer uma lista dos 20 valores mais importantes na sua vida. Depois divida esses valores em três grupos. Busque o valor-raiz, aquele que é pai de todos os outros do mesmo grupo e que os contém. Seu propósito de vida deverá estar alinhado com esses três valores.

► Responder: o que justificaria sua vida, se não fizesse ou experimentasse nada mais que isso?

► Descobrir seu propósito com um verbo capaz de sintetizá-lo e dar sentido à sua vida. Encontre seu verbo!

Capítulo 4

Fluindo com a inteligência cósmica

"Senhor! Nós sabemos o que somos,
mas desconhecemos o que
podemos vir a ser."

Shakespeare

"A maior fonte de inspiração é o trabalho."

Rainer Maria Rilke

"Você tem que fazer seu trabalho como se tudo dependesse de você. Então, entregue o resto para Deus."

Madre Teresa de Calcutá

Fluir com a vida e com os acontecimentos é permitir que o universo conspire a seu favor, atraindo para sua vida as experiências perfeitas para o momento em que você se encontra.

Uma das formas de fluir com a inteligência cósmica é abandonar a idéia de como você acha que as coisas devem ser.

Concentre-se em cada passo do caminho, deixando de lado as expectativas em relação a resultados. Expectativas geram ansiedade e a ansiedade bloqueia o fluxo da energia cósmica.

A partir do momento em que se colocar em ação, com foco no seu objetivo, relaxe. Faça sua parte e deixe que Deus (o universo, a inteligência infinita ou o nome que quiser dar à força cósmica que rege a vida) faça o resto.

O apego a um único ponto de vista bloqueia a percepção e o impede de se dar conta das oportunidades que surgem no caminho. Quando o que tem em mente é uma única idéia, você se torna prisioneiro da sua visão limitada.

Em vez de pretender conduzir a vida, na ilusão de que é possível controlar pessoas e circunstâncias externas, você pode aprender a transformar qualquer acontecimento em condições favoráveis à realização dos seus objetivos.

A segurança só é possível dentro de cada um e se manifesta pelo sentimento de que, não importa o que acontecer, você sempre será capaz de lidar com o que se apresentar na vida.

O que resiste, persiste

Ao resistir ao que quer que seja, porém, você aumenta a força daquilo a que está resistindo.

A maioria das pessoas, se confrontadas com dificuldades e contratempos, entra num padrão de resistência. Inconformadas com a quebra das expectativas, resistem e recusam-se a aceitar os fatos.

A resistência é uma armadilha do ego. A sabedoria popular diz que o que resiste, persiste. Tudo o que alguém consegue com isso é se desconectar da inteligência infinita do universo.

Se um terremoto destrói uma casa, a revolta não contribuirá para reconstruí-la. Quanto mais a pessoa se debater questionando a própria sorte, as medidas tomadas pelo governo para evitar o desastre, sua decisão de morar naquele local etc., mais estará se concentrando na destruição e deixando de caminhar para a solução do problema. Somente ao aceitar o fato de que não poderá mudar o que aconteceu a pessoa poderá transformar a perda da casa num recomeço.

Pode ser que encontre financiamentos especiais para vítimas do terremoto e, assim, compre uma casa nova muito melhor do que a outra. Poderá aproveitar para fazer outras mudanças na vida. Mais que tudo, poderá celebrar a vida e o fato de ter sobrevivido ao desastre.

A água é considerada pelos chineses o elemento mais poderoso que existe, porque não resiste a nada, simplesmente flui. A água preenche todas as depressões do terreno, contorna obstáculos, segue elevações, enfrenta o que encontra pela frente, preenchendo declives, fluindo, sem pressa, sem se deter, permanecendo fiel à sua natureza e, assim, realizando sua meta.

Diante do perigo e da dúvida, você pode fazer como a água e prosseguir fluindo, sem resistir, e encontrando o caminho para seguir adiante.

Fluindo a cada dia

Observe a natureza: algumas espécies de animais, em determinadas épocas do ano, atravessam oceanos para encontrar, a milhares de quilômetros, as condições ideais para procriar. Esse fenômeno se repete sempre, sem que eles se preocupem em acertar o caminho ou se questionem se chegarão lá. Simplesmente fluem e seguem até o lugar exato onde precisam estar.

Imaginemos, por exemplo, que você saia de casa em cima da hora para uma consulta médica importante, uma reunião de trabalho ou um encontro. Chove, e você não levou um guarda-chuva. Além disso, o trânsito lento aumenta o atraso e não há nada que se possa fazer a respeito. Você vai estacionar e caminhar na chuva até o consultório do médico e, talvez, nem seja atendido. Ou pode ser que chegue ao escritório ao final da reunião. Ou, ainda, que a pessoa com quem marcou o encontro não esteja mais esperando. Talvez, fique se culpando e se cobrando por não ter saído a tempo. Pode ser que seja muito rigoroso com você mesmo, provocando rombos na sua auto-estima.

O que seria fluir com a inteligência cósmica nessa situação? Aceitar o que não pode ser mudado e não se martirizar diante de um fato consumado. Aprender com a experiência, se responsabilizar pelo atraso e tomar medidas para que isso não se repita.

Você poderia contatar as pessoas envolvidas na situação e pedir desculpas. Remarcar a consulta, a reunião, o encontro. Supondo que não seja possível reagendar o compromisso, ainda assim, você pode aprender com isso.

Quanto menos tempo e energia gastar se lamentando, se culpando ou querendo mudar as regras do jogo, depois de iniciada a partida, mais rapidamente irá superar o acontecido.

Surfando nas ondas da oportunidade

É interessante observar como, ao desistir de que as coisas sejam do seu jeito, você começa a ver as oportunidades que não via antes e aprende a seguir pelos caminhos de menor resistência na direção dos seus objetivos.

Ao contrário do que se costuma dizer, a oportunidade não surge apenas uma vez, mas está constantemente se renovando e batendo à sua porta. Tudo o que você precisa fazer é abrir o coração e a mente para aproveitá-las.

Estar aberto para novas possibilidades é fluir com a inteligência cósmica.

Ao se preocupar com o que acontecerá depois, você deixa de se ocupar do presente para adivinhar o futuro. Essa entidade, o futuro, é algo que está sempre à frente, em algum lugar inacessível. Fluir é fazer a fila andar e não se agarrar ao que já passou.

Relaxar é a chave para fluir

Relaxar é fluir com o ritmo interno e externo da vida. É estar em paz com as emoções, confiante que tudo acontece da melhor maneira possível.

É usufruir cada momento da caminhada, sem se deter diante dos obstáculos e sem querer perpetuar os bons momentos. Ao reconhecer o caráter impermanente de todas as coisas você pode relaxar e se manter confiante, sem querer manipular o ritmo do universo.

Sobrepor-se à dúvida é exercitar a fé, na sua mais ampla expressão. A mesma fé com que o agricultor escolhe as sementes que planta, sem duvidar, um só instante, se a colheita estará de acordo com a natureza das sementes cultivadas.

Conecte-se com o amor dentro de você. Descobrirá que é possível confiar e deixar que a vida aponte caminhos e mostre a direção a tomar, a cada momento. Isso o tornará receptivo às chamadas coincidências que conspiram a seu favor.

Adquirindo altitude

Adquira a altitude necessária para observar de forma diferente os acontecimentos da sua vida.

Imagine, por exemplo, alguém preso num engarrafamento no trânsito. Essa pessoa poderá pensar que a cidade está toda engarrafada e se afligir, imaginando que não conseguirá chegar a tempo. Entretanto, se estivesse sobrevoando o local num helicóptero, veria que o engarrafamento se limita ao quarteirão, e que, em poucos minutos, chegará ao seu destino. Teria, portanto, evitado o estresse desnecessário.

A diferença está na altitude com que você percebe as circunstâncias da sua vida.

A inteligência cósmica se expressa em abundância, paz, relacionamentos felizes e crescimento contínuo. Ao deixar a vida fluir, você participa da energia criativa e segue na direção das realizações que deseja.

Exemplo:

Mauro se formou em engenharia mecânica e trabalhou em uma empresa durante cinco anos. Desde a adolescência sonhara trabalhar lá e estava preparado para uma carreira de sucesso, quando a filha mais velha teve problemas de saúde e precisou de um tratamento que não existia na cidade onde moravam.

Em busca da cura para a menina, Mauro não tinha outra opção a não ser pedir demissão e mudar-se para o Rio de Janeiro. Foi o que fez. Depois de tentar sem sucesso um posto na sua área, aceitou o lugar de gerente numa concessionária de carros. Embora não fosse o tipo de trabalho para o qual se preparara, sua prioridade era recuperar a saúde da filha.

Usou o investimento que tinham no banco para se instalar na nova casa e custear as despesas com a mudança. Os primeiros tempos foram difíceis, e, sem ajuda de parentes ou de amigos, ele e a mulher enfrentaram dificuldades de toda espécie. Tiveram de aprender a viver numa cidade que não conheciam, com um orçamento apertado que mal dava para cobrir o aluguel e a alimentação, sem contar as despesas do tratamento. Ele não questionou nem lamentou o rumo que a vida tinha tomado.

Embora sem outras perspectivas, fazia o melhor que podia. Aceitou o que não era possível mudar e, à medida que a filha se recuperava e começava a freqüentar a escola, sentia que a vida prosseguia e que estava seguindo com ela.

Certo dia, atravessando a rua para pegar o metrô, encontrou um antigo professor da faculdade. Conversaram um pouco e Mauro convidou-o para jantar em sua casa. O professor, que passava férias no Rio de Janeiro, contou que trabalhava em uma empresa de tecnologia em Connecticut e estava ajudando a selecionar uma equipe para a filial da empresa no Brasil.

Mauro parecia atender os requisitos que buscavam e o professor indicou-o para fazer parte da equipe de engenheiros que seriam treinados nos Estados Unidos. Foi aprovado e contratado com perspectivas de fazer carreira. Ao cabo de dois anos, a empresa o enviou para fazer um curso de MBA em Boston e, alguns anos depois, Mauro foi promovido a diretor. Se tivesse resistido a fluir com os acontecimentos teria perdido essa oportunidade.

Fluir com a inteligência cósmica é...

- Apreciar a beleza de cada momento. Se deixar os julgamentos de lado, perceberá que todos os momentos possuem uma beleza especial e que qualquer circunstância traz consigo um tesouro valioso. Descubra essa riqueza e tome posse dela.

- Adquirir a altitude necessária para observar à distância e de forma diferente os acontecimentos da vida.

- Observar a perfeição do universo e aprender com ela. A natureza oferece lições de aceitação e superação a cada momento, renovando as folhas das árvores e colorindo a paisagem de acordo com as estações do ano.

- Estar conectado com sua intuição. A intuição é um canal ligado à sabedoria infinita e aponta qual direção seguir. Ela cria um atalho entre você e a verdade de uma situação.

- Viver de acordo com seus valores, em contato com o que é bom e verdadeiro.

- Mudar de ponto de vista e ter uma nova experiência do mesmo fato. Muito se sofre, desnecessariamente, apenas por não buscar outros pontos de observação.

- Ser espontâneo e permitir que seu verdadeiro ser se expresse. Se estiver preocupado com a impressão que irá causar ou com o que irão pensar de você, perderá a conexão com quem você é.

- Ser flexível para receber *feedback* do universo e rever sua posição quando não estiver obtendo os resultados que deseja.

- Pedir orientação, confiar e aguardar a resposta para a sua dúvida, no momento certo. Ela pode chegar em palavras impressas numa revista, num livro aberto por acaso, na imagem de uma fotografia, em forma de intuição, em palavras ouvidas no meio da rua. Se estiver conectado com seu mundo interior, você reconhecerá a resposta.

- Cuidar de si mesmo e não se machucar.

► Ser seu melhor amigo. O que diria a alguém de quem gostasse realmente, se estivesse passando pelo que está passando agora?

► Perdoar seus erros do passado, perdoar o que deixou de fazer, perdoar as oportunidades perdidas. Perdoe tudo o que não for amor dentro de você.

► Fazer o que precisa ser feito agora, ocupando-se do que é possível no momento. Ao fazer sua parte, você pode relaxar e deixar que Deus faça o resto.

Capítulo 5

Viver no presente: a vida acontece aqui e agora

"Não importa o que temos de encarar. Podemos lidar com qualquer coisa apenas estando presente no momento. O momento presente é onde podemos encontrar todas as respostas. O truque é trazer nosso ser para dentro do momento presente."

John-Roger

"O futuro chega um dia de cada vez."
Dean Acheson

“É sempre o tempo certo para fazer
o que é certo.”

Martin Luther King Jr.

A vida acontece no tempo presente. Só no presente é possível plantar as sementes do futuro que se deseja. É aqui e agora que você pode abrir as portas das oportunidades e transformar seus sonhos em realidade.

O hoje representa a soma dos momentos vividos, o resultado de todas as suas experiências anteriores. Por isso, a única forma de curar o passado e semear o que deseja colher no futuro é aceitar aquilo que estiver em seu caminho no momento.

O passado não existe mais, a não ser na imaginação. O futuro está fora do alcance, pois ainda não aconteceu. A mágica acontece agora, no tempo presente.

Neste exato momento você tem o poder de transformar sua vida e fazer o que precisa ser feito da melhor forma que puder.

Talvez você tenha procurado em vão um talismã capaz de mudar sua vida e desistiu de encontrá-lo. Esse talismã existe e, ao contrário do que muitos pensam, não está no fundo dos oceanos nem nas profundezas da terra. Mas no momento presente.

Liberando o peso do passado

Pessoas que permanecem apegadas ao passado vivem na ilusão, mantendo-se prisioneiras de si próprias.

Ao se voltarem para trás, deixam de olhar para a frente e se tornam responsáveis pela estagnação de suas vidas. Quer seu passado tenha sido maravilhoso ou terrível, já passou. A não ser que o libere e se mantenha inteiro no presente, continuará a carregar sobre suas costas o peso da dor e da frustração.

Ao liberar o passado, você recupera a energia que estava aprisionada, tornando-a disponível para você.

Há quem esteja recriando o sofrimento do passado o tempo todo. Em geral, quem faz isso sente uma necessidade incontrolável de contar para os outros o quanto sofreu. São pessoas que falam de traumas e desencontros, como se não quisessem correr o risco de esquecê-los. Permanecem aprisionados ao lixo emocional do que não deu certo antes.

Reviver experiências de fracasso é continuar a recriá-las, tornando-se responsável pela sua repetição.

Assim como não se pode servir a dois senhores, ou torcer para dois times numa mesma final de campeonato, ou, ainda, estar em dois lugares ao mesmo tempo, não é possível viver o presente enquanto estiver conectado com o que já passou ou com o que ainda não aconteceu.

Não se preocupe: ocupe-se

Se, em vez de se preocupar com o que pode acontecer no futuro, você se ocupar em fazer o que pode agora, perceberá que a única maneira de se prevenir contra o que não deseja que aconteça é manter-se presente no presente.

Uma pessoa só tem medo do futuro porque projeta fantasias negativas num tempo que ainda não aconteceu.

O futuro, entretanto, é uma entidade abstrata. Não sabemos o que irá nos acontecer no momento seguinte. O medo do futuro faz com que você antecipe o que não deseja que aconteça, em vez de se ocupar com a vida que deseja viver.

Por maior que a tarefa possa parecer, ao se concentrar totalmente no momento presente você se torna capaz de realizá-la.

Para isso é preciso concentrar toda a sua atenção em cada passo, como se cada qual fosse o único. O progresso microscópico conduz à vitória.

Respire e observe. A respiração só tem lugar no presente. Não é possível antecipar sua respiração. Você também não tem o poder de adiá-la nem de deixá-la para depois. O oxigênio simplesmente entra e sai do seu corpo a cada momento, mantendo a vida presente.

Viver no presente torna a vida leve, alegre, plena. Mesmo quando se enfrentam dificuldades, crises, sofrimento, você pode suportar qualquer coisa, simplesmente estando no momento presente, reconhecendo o que se apresenta e escolhendo sua atitude diante das circunstâncias.

O veneno dos relacionamentos

Na vida a dois, o ressentimento é tão real quanto o veneno que corrói. Rouba o oxigênio do amor e da confiança. A relação amorosa só tem lugar no presente.

É aqui e agora que você encontra a possibilidade de dizer aquela palavra de carinho, de força, de incentivo. Os gestos de solidariedade, de compreensão e de companheirismo têm lugar no aqui e no agora.

Muitas pessoas perdem a chance de estabelecer relacionamentos gratificantes porque se mantêm presas ao passado. Valorizam a pessoa que já foi embora de sua vida, o relacionamento que, por alguma razão, não deu certo.

Ao fazerem isso, deixam de perceber a pessoa que está ali, pronta para ser conhecida, para amar e ser amada. Quando essa pessoa cansa e vai embora, repetem o padrão e passam a valorizá-la.

Quem tem prazer em ficar ao lado de alguém que cultiva o fardo de aflições passadas?

Aprender a perdoar-se e a perdoar o outro é a essência da libertação, pois o ressentimento é uma camisa de ferro que tortura.

Ao estar plenamente presente no momento, ocupando-se do que precisa ser feito agora, você recebe um manancial de forças e pode elevar-se acima das suas limitações.

Exemplo:

Teresa tem 32 anos e há três vem dedicando sua vida ao trabalho na ONG que criou junto com uma amiga e sócia. Ajuda centenas de jovens de comunidades carentes a transformar a criatividade na melhor saída para a pobreza.

Sua dedicação e seu entusiasmo levaram-na a descobrir novos caminhos para os acessórios de moda desenvolvidos em conjunto com esses jovens. Esses produtos, atualmente, são exportados para países como a França e a Inglaterra com a grife criada por ela. Mas nem sempre foi assim.

Durante muitos anos, Teresa viveu refém do passado, recusando-se a aceitar as mudanças da vida. Nascida e criada em uma família muito rica, dinheiro nunca fora problema para ela. Cresceu acostumada a viajar pelo mundo e a gastar com roupas e jóias, sem qualquer tipo de preocupação.

Aos 25 anos viu seu mundo desmoronar. Depois de uma série de negócios errados, o pai rompeu com o primo, de quem era sócio. A família tomou partido e rompeu relações. Nem tomaram conhecimento quando o pai perdeu tudo e, pouco depois, morreu de enfarte.

Ela, a irmã e a mãe foram morar no apartamento de uma amiga da família, vivendo com o dinheiro da venda das jóias que restaram.

Teresa tinha se formado em artes plásticas. Quando se viu diante da necessidade de ganhar o próprio sustento, sentiu-se injustiçada pela vida e recusou-se a aceitar o que acontecera.

Apesar das dificuldades que enfrentavam, não estava disposta a abrir mão da ilusão de que era especial. Queria que tudo continuasse a ser como antes, quando não precisava fazer nada, a não ser viver bem.

Sua postura um tanto arrogante fez com que perdesse oportunidades de trabalho. Ela achava que o mundo lhe devia algo e tornou-se amarga e deprimida. Passava horas falando do passado, vendo fotografias do tempo da riqueza que não mais existia. Quanto mais lembrava o passado e sentia saudades da vida que tivera, mais infeliz se tornava.

Passou a viver trancada em casa, e o ressentimento aumentou quando a mãe doente precisou ser internada num hospital universitário, do governo. Não fosse a força da irmã, que sustentava a família como gerente de um antiquário, não teriam sobrevivido àqueles anos.

Tinha 28 anos quando uma amiga de colégio a levou para um encontro de um grupo de meditação no final de semana. Lá conheceu pessoas de diversas idades e classes sociais que viviam alegres e otimistas e que a receberam carinhosamente.

Teresa gostou do ambiente e se permitiu conversar, rir, passando a freqüentar aquele local. Começou a meditar e a ler livros oferecidos pela amiga. Quanto mais se descobria, menos sofria com a lembrança do passado. Com apoio do grupo, em poucos meses, fez novas amizades e se integrou.

Ela sempre gostou de moda e aceitou de bom grado a idéia de uma amiga de se inscreverem num curso de bijuterias e acessórios. Gostou tanto que, pela primeira vez na vida, sentiu prazer em se dedicar de corpo e alma a um trabalho. Suas peças se destacaram pela beleza e elegância e, logo, começou a vender para estilistas e boutiques da moda. Daí até abrir um pequeno negócio foi um passo. Em pouco tempo, era outra pessoa.

Fazia o que gostava e estava ganhando dinheiro bastante para viver confortavelmente. Foi quando, junto com a amiga, decidiram criar sua ONG que desse a jovens carentes a oportunidade de mudar de vida.

Atualmente, Teresa adora trabalhar. Sua última conquista foi fechar uma parceria com um curso de inglês para as jovens da ONG. Ela já não vive do passado e se libertou das lembranças amargas. Recuperou a alegria e o entusiasmo, fez novos amigos e transformou o sofrimento em solidariedade. Hoje, ensina meninas que sofreram maus-tratos e violência a esquecer o passado e viver o presente.

Estar presente aqui e agora é...

- Não se queixar, não se lamentar, não continuar trazendo o passado para o presente nas lembranças do que já foi. A vida acontece apenas no momento presente. O passado não existe mais e não é necessário pensar nele, uma vez que você é agora o resultado de todas as suas experiências anteriores.

- Estar inteiro e disponível para receber o presente do tempo presente.

- Observar tudo aquilo pelo qual você pode agradecer neste momento. A gratidão abre caminho para receber e o conecta com a abundância do universo.

- Recusar-se a deixar que sua mente divague e siga para outro lugar que não seja o aqui e agora.

- Relaxar, respirando e inspirando tranqüilidade e confiança, deixando sair com a expiração as preocupações, as dúvidas, a negatividade. Preste atenção no ar que entra e sai dos seus pulmões. Deixe que os pensamentos atravessem sua mente, mas não se prenda a nenhum deles, simplesmente deixe que fluam. Faça silêncio internamente, sem expectativas, apenas estando presente no momento presente. Se tiver persistência para levar adiante essa prática, se surpreenderá com o poder de solução que encontrará.

- Reconhecer os motivos que tem para ser feliz agora. Dê a si mesmo pequenas alegrias. Sorria, ouça uma música bonita, dance, coma seu prato favorito, alimente sua felicidade com as pequenas coisas.

- Viver cada dia como se fosse o primeiro e o último da sua vida.

- Concentre-se naquilo que escolher fazer e deixe de lado tudo mais.

- Fazer alguma coisa por alguém que você ama — agora.

- Ser a melhor pessoa que puder ser e fazer tudo da melhor maneira possível.

- Ao perceber que está caindo em tentação, antes de sua mente voltar ao passado ou pular para o futuro, parar e se concentrar na sua respiração por um minuto.

Capítulo 6

O poder das crenças

"Eles podem porque acreditam que podem."

Virgílio

"Para ser bem-sucedido, você precisa
acreditar em algo com tal paixão
que aquilo se torna realidade."

Anita Roddick

"Na província da mente, o que alguém acredita ser verdade ou é verdade ou se tornará verdade."

John Lilly

Quer você acredite que pode ou que não pode, você está certo.

Suas crenças podem enchê-lo de energia positiva e determinação, ou colocá-lo para baixo e sem perspectivas, com medo do mundo e do futuro.

Cada qual cria sua própria realidade a partir daquilo em que acredita.

Em outras palavras, aquilo em que alguém acredita se reproduz na realidade, transformando-se no que denominamos uma profecia auto-realizadora. Por isso, quer você pense que pode ou que não pode fazer algo, está certo.

Para colocar em movimento as ações que irão transformar sua vida, você precisa mudar os filtros com que percebe a realidade.

As crenças são a matéria-prima a partir da qual você constrói suas realizações.

Elas permitem que você descubra o que fazer e como fazer para conseguir os resultados que deseja na vida. Vidas limitadas e sem perspectivas são o resultado de crenças que impedem a pessoa de perceber as possibilidades que estão a seu alcance para entrar em ação e construir a vida que deseja para si.

Por isso, suas crenças determinam seus limites. Muitas vezes, elas permanecem ocultas, atuando como minas terrestres, prontas para fazer voar pelos ares seus sonhos.

Não é porque alguém faliu várias vezes que estará destinado a falir sempre Mas, para não repetir a experiência do passado, será preciso acreditar na possibilidade do sucesso apesar dos resultados anteriores. Essa crença enviará informações para sua mente e fará com que seu cérebro libere os recursos necessários para conseguir isso.

Para mudar o histórico de negócios malsucedidos, a pessoa precisa acreditar que pode aprender a fazer diferente e a ter sucesso. Isso implica aprender com as experiências passadas a fim de descobrir quais as ações que costuma repetir e que têm produzido os mesmos resultados.

Mais ou menos como um HD que contém inúmeros arquivos com informações importantes mas que, a não ser que você ligue o computador e acesse o arquivo correto, de nada adiantarão os dados armazenados.

O fato é que, ao acreditar que as coisas podem dar certo com você, não importam suas condições atuais ou sua história, descobrirá os meios de fazer com que dêem certo.

A verdade é que o desconhecimento do poder das crenças pode ser um obstáculo à conquista da felicidade.

É o que impede milhares de pessoas de se lançar na construção das vidas que desejam ter. Atrás daquilo que alguém faz existe sempre uma crença.

Por isso, quando se quer mudar um comportamento, é preciso, antes, encontrar a crença ligada ao comportamento a ser substituído e, depois, transformá-la.

As informações captadas por seus sentidos determinam o que você acredita sobre o modo como as coisas são e terminam por desenhar seu conceito de realidade.

Mais do que isso, o que você apreende do mundo forma as crenças que passa a ter sobre si mesmo, sobre as outras pessoas e sobre a realidade. E, dessa forma, seu conceito da realidade determina sua vida.

O que alguém chama de realidade é resultado do modo como seus filtros de percepção traduzem as informações recebidas. O fato é que você não percebe o mundo como ele é, mas a partir do foco que coloca nele.

Como se busca no mundo uma confirmação para aquilo em que se acredita, cada qual termina por se tornar responsável pelas limitações que impõe a si mesmo.

Pessoas que passaram por traumas na infância, falência nos negócios e que já se saíram mal na vida profissional ou nos relacionamentos tendem a acreditar que não têm alternativas para fazer algo diferente.

A realidade reflete aquilo em que acreditamos

O vencedor usa filtros de percepção que faz com que encontre motivação para acreditar que pode alcançar o que quer. Ele foca sua atenção no que pode funcionar, no que dá certo, nas possibilidades de superação de limites e no poder da solução que está ao alcance de todos.

O malsucedido usa seus filtros de percepção para ver no mundo dificuldades e impossibilidades, buscando exemplos nas vidas de outras pessoas para confirmar aquilo em que acredita. Ele coloca o foco sobre as dificuldades, as derrotas e tudo o que não funciona na vida de quem está ao seu redor. Com isso, fortalece suas crenças limitantes.

Enquanto o primeiro está em contínua expansão, o segundo vai desenhando um círculo de medo e desilusão.

Muitos tentam diversas vezes, mas quase sempre acabam repetindo aquilo que viveram antes e que consideram fracasso. A cada tentativa, mais se convencem de que... não existem bons relacionamentos... os homens não prestam... as mulheres são interesseiras... não é fácil se dar bem nos negócios... é tarde demais para começar a... o mercado profissional está saturado... não há chances para quem passou dos 40... não se pode confiar em ninguém... e tantos outros... não posso... não funciona... não adianta... não vou conseguir.

Em que você acredita?

O poder daquilo em que alguém acredita é tão grande que as pessoas tendem a *generalizar*, *distorcer* ou *eliminar* as informações que lhes chegam, para confirmar aquilo que julgam ser a verdade.

É o que acontece, por exemplo, quando uma pessoa tem uma experiência negativa no casamento e *generaliza* que "casamentos não funcionam" ou que "a convivência a dois acaba com o amor".

Observa-se o mesmo quando alguém acredita que só é possível ter sucesso profissional com um diploma universitário. Por acreditar nisso, não percebe as oportunidades profissionais que surgem e as *elimina* da percepção, sem detectá-las e, assim, confirma sua crença.

Se, por exemplo, uma mulher acredita que não existem homens fiéis, irá *distorcer* a realidade para comprovar sua crença. Ao ver, por exemplo, seu parceiro conversando e rindo numa festa com outra mulher (mesmo que seja uma colega de trabalho ou uma prima), concluirá que está sendo traída e reagirá como se isso fosse verdade. O que é pior, sua crença na infidelidade do parceiro poderá levá-lo a traí-la.

Ter consciência das suas crenças e aprender a perceber a si mesmo, as outras pessoas e o mundo de forma positiva é uma atitude de alto impacto que muda a vida.

Ressignificando o passado

Não é tanto o que aconteceu antes, mas a maneira como você interpreta o que aconteceu que irá influenciar a sua vida.

Em vez de colocar as experiências malsucedidas do passado no escaninho das "derrotas", você pode se conectar com outra forma de compreender o que se passou.

Descobrir o que não funcionou e aprender como fazer diferente é a essência do aprendizado.

Talvez você se dê conta de que precisa desenvolver uma habilidade específica ou adotar um novo comportamento para obter sucesso.

Um pré-requisito para mudar os resultados que você tem obtido na vida é tornar-se consciente das suas crenças.

Seja nos relacionamentos, na vida profissional, pessoal, no dia-a-dia, a não ser que desenvolva a confiança na sua capacidade de ser bem-sucedido, não conseguirá êxito. É preciso mudar as crenças que não dão suporte à realização dos seus projetos.

Crenças limitantes

Quais são as conseqüências de crenças destrutivas ou limitantes? Vidas insatisfatórias e infelizes.

A crença de que não há mercado de trabalho para quem passou dos 40, por exemplo, leva a pessoa que acredita nisso a procurar no mundo exemplos de gente que afirma estar falida por ter mais de 40 anos e não encontrar oportunidades profissionais.

Em contrapartida, quem acredita que não há limite de idade quando se tem um propósito claro e um objetivo definido busca exemplos de pessoas bem-sucedidas com menos de 40 anos.

A primeira pessoa, a não ser que mude suas crenças, entrará no rol dos quarentões sem emprego e sem dinheiro, enquanto a segunda poderá se tornar um empreendedor milionário, mesmo depois dos 60.

O problema da crença limitante é que ela o levará, inconscientemente, a procurar na realidade evidências que comprovem aquilo que julga ser verdade. E, em vez de fazer com que suas crenças apóiem seus objetivos, você termina repetindo experiências malsucedidas e, assim, reforçando aquilo em que acredita.

A crença, somada às outras evidências, como artigos de jornal, conversas, leituras etc., aumenta o número de referências que a fortalecem. Seja para o bem, seja para o mal.

Mude suas crenças

O processo de transformar crenças limitantes em poderosas é o ponto de partida para expandir seu potencial e conquistar um novo patamar de realizações.

Você precisa de crenças positivas para ter acesso a um estado de recursos que o impulsionem na direção de seus objetivos.

Se, por exemplo, for a um primeiro encontro com uma pessoa por quem se sente atraído e sair de casa sentindo-se confiante, natural, acreditando que tudo sairá bem e que você é atraente, interessante e agradável, ao encontrar a pessoa estará num estado de recursos com grandes chances de ter sucesso.

Mas, se ao sair de casa para o encontro, estiver inseguro, se achando pouco atraente, acreditando que não é valioso o bastante para conquistar alguém interessante, imagine como será seu comportamento. Provavelmente, deixará transparecer a insegurança, a falta de autoconfiança e a baixa auto-estima no modo de falar e de se comportar. E se a outra pessoa não corresponder ao seu interesse, atribuirá isso a uma confirmação da crença de que não é capaz de conquistar quem você quer. Percebe o circuito se fechando?

O processo de transformar crenças limitantes em crenças poderosas

Observe suas crenças cuidadosamente e traga-as à tona para que fiquem evidentes. Em seguida, separe as fortalecedoras das limitantes e mude aquelas que não estão alinhadas com a vida que deseja ter.

Como só é possível mudar aquilo que se conhece especificamente, a primeira medida para mudar uma crença limitante é formulá-la especificamente, por meio de palavras, até chegar à sua essência.

Se você não entrar em contato com a *essência* da crença limitante não conseguirá uma mudança efetiva. Ao reconhecer suas crenças limitantes, substitua-as por outras que lhe fortaleçam e lhe permitam fazer as mudanças que deseja na vida.

Para começar, é preciso descobrir aquilo em que acredita realmente, não o que você pensa acreditar.

O que o limita são as crenças que ficam escondidas no inconsciente. Por permanecerem ocultas, agem nas sombras.

Como entrar em contato com essas crenças ocultas?

Procure perceber suas crenças negativas, aquilo que você acredita sobre si mesmo, sobre as outras pessoas e sobre o mundo e que não contribui para que tenha uma vida rica e cheia de realizações. Escreva-as e reescreva-as até que contenham o essencial.

Guto, um rapaz de 19 anos, se propôs a encontrar a crença negativa que o impedia de se dedicar aos estudos como gostaria para prestar vestibular de medicina.

Ele escreveu: "É muito difícil passar no vestibular de medicina porque existe muita gente boa que estudou em ótimos colégios e fez os melhores cursinhos, enquanto eu estudei em escola pública e não tive as mesmas oportunidades. São essas pessoas que vão ficar com todas as vagas, portanto, eu não tenho a menor chance de passar e isso me desanima quando penso em sentar para estudar."

Embora estivesse no caminho, ainda não tinha chegado à essência da sua crença limitante; por isso, continuou procurando sintetizá-la e foi formulando sua limitação em forma de crença.

"Só quem estuda em cursinhos renomados passa no vestibular de medicina. Como eu não estudei num cursinho de nome, não vou passar."

Mas, qual a essência de crença?

O que ele acreditava sobre si mesmo para achar que só quem faz um cursinho famoso passa no vestibular de medicina? Guto, então, percebeu que a essência da sua crença era que não se considerava capaz.

E escreveu a crença limitante assim: "Eu não sou capaz de passar no vestibular para medicina."

A partir daí, o trabalho foi inverter a crença.

Ao buscar referências nas experiências anteriores do que já fora capaz de fazer, Guto se deu conta de que poderia, se realmente quisesse, passar no vestibular para medicina, mesmo sem ter feito cursinho.

Ele escreveu: "Eu posso conseguir o que quiser. Eu posso passar no vestibular para medicina. Tenho tudo o que preciso para estudar, aprender e conseguir entrar na faculdade de medicina. Tudo o que preciso para passar no vestibular de medicina é me dedicar ao estudo diariamente, seguindo um planejamento que cubra toda a matéria."

Ao transformar a crença negativa em outras positivas, ele desviou sua mente para o caminho que o levaria ao sucesso, em vez de ficar empacado numa dificuldade criada pela falta de autoconfiança.

Uma das maneiras de fortalecer novas crenças positivas, desenhadas a partir de outras limitantes, é buscar exemplos de pessoas que tenham conseguido aquilo que você quer.

Observe o que fazem, o que sentem, a forma como pensam as pessoas que conseguem aquilo que você quer conseguir.

Eles fizeram porque acreditaram

Certamente, Roberto Marinho não acreditava que a idade era um fator limitante para expandir sua visão empreendedora e transformá-la em realidade. Com mais de 60 anos fundou uma das estações de televisão mais bem-sucedidas do mundo.

Madre Teresa de Calcutá não temia o contato com os doentes e miseráveis. Com seu exemplo e seu propósito de vida, fez diferença na vida de milhares de pessoas. Criou uma nova ordem religiosa e levantou recursos para levar ajuda aos mais desvalidos, chamando a atenção do mundo para sua causa.

Helen Keller, cega, surda e muda acreditou na sua capacidade de fazer diferença e escreveu: "A vida é uma aventura ousada ou nada." Gandhi manteve a crença na revolução feita através da paz até conseguir a libertação da Índia. Thomas Edson acreditava ser possível a invenção da lâmpada elétrica e não se deteve diante das milhares de tentativas que não deram certo, até chegar à solução que buscava.

Histórias de pessoas que deram a volta por cima são exemplos de crenças poderosas colocadas em ação e fazendo vencedores.

É importante observar que se uma única pessoa conseguiu fazer, qualquer outra pessoa, inclusive você, pode conseguir. Desde que tenha o mesmo sistema de crenças e que utilize uma estratégia equivalente à utilizada por quem alcançou aquela realização.

A consciência da força daquilo em que se acredita traz uma nova dimensão à sua vida, gerando possibilidades para realizar os seus desejos.

Exemplo:

Maria mora em um condomínio no interior de São Paulo e trabalha longe de casa. Embora tivesse um carro na garagem, não conseguia dirigir. Dependia da carona do marido e sentia-se incomodada com a falta de mobilidade em que vivia. Ela já tinha inclusive a carteira de motorista, tirada alguns anos antes de se casar.

Ao buscar as crenças que a limitavam, descobriu uma herdada da avó que dizia: "Os homens não ficam com mulheres independentes." Assim, inconscientemente, criava situações de dependência em relação ao marido, como forma de assegurar-se de que ele não iria deixá-la.

Fazendo o exercício, percebeu que acreditava que "Preciso ser dependente do meu marido para ser amada". E como dirigir representava independência para ir e vir, entrava em pânico diante da idéia de pegar o carro. Depois de diversas associações, deu-se conta de que, no seu inconsciente, achava que, "se dirigir, meu marido vai parar de me amar e vai me abandonar".

A partir do momento em que entrou em contato com a essência da sua crença limitante, pôde transformá-la. E logo passou a dirigir seu carro para alegria dela e do marido.

Exemplo:

Tadeu, aos 47 anos, faliu na terceira tentativa de ter um negócio próprio. Depois de contrair um empréstimo para abrir uma pizzaria, constatou que o movimento era pouco e insuficiente até para pagar o custo de manter a casa aberta.

Tadeu sentiu-se perdido e tentou transformar a pizzaria num restaurante a quilo. Sem estratégias definidas e um bom plano de negócios, viu seus sonhos desandarem antes de quitar o primeiro pagamento do empréstimo realizado. Sem vislumbrar saída para a crise financeira em que se encontrava, Tadeu reforçou uma antiga crença: a de que só os espertos fazem sucesso no mundo dos negócios.

Como já havia sido roubado por um sócio, generalizou a experiência e decidiu que ninguém era digno de confiança.

Por isso, não pediu ajuda a ninguém. Seguiu no barco sozinho, até o naufrágio final, quando fechou o restaurante. Como não tinha dado sinais de que algo errado estava acontecendo, sua família se surpreendeu quando os credores começaram a bater na porta. Sua mulher sentiu-se traída e pediu o divórcio.

Um cunhado ajudou-o a renegociar as dívidas e Tadeu foi trabalhar como engenheiro numa empresa de empreendimentos fora do Brasil, em zonas de risco, que oferecia salários altos aos funcionários.

Com isso, conseguiu se recuperar, pagou as dívidas e, aos 50 anos, voltava para morar definitivamente no Rio de Janeiro.

Nesse período começou a namorar uma mulher que passara por dificuldades na vida e as superara graças ao trabalho de um grupo que realizava seminários intensivos de conscientização e limpeza. O trabalho era coordenado por psicólogos e consultores que utilizavam técnicas diversas, como programação neurolingüística, *coaching*, terapia sistêmica, entre outras.

Sem saber bem do que se tratava, Tadeu foi levado pela namorada ao primeiro desses seminários, onde fez um trabalho profundo de transformação de crenças.

Descobriu, então, que trazia dentro dele diversas crenças negativas em relação a dinheiro. Seu avô, que o criara, costumava repetir que ninguém fica rico sem comprometer a honra.

Dizia também que o dinheiro era a origem de todo mal. Para completar, sua mãe, que ainda grávida havia sido abandonada pelo pai de Tadeu, dizia ao filho que nunca confiasse em ninguém, se não quisesse ser traído. Essas crenças passaram a fazer parte dele, embora não tivesse consciência disso. Entretanto, elas estavam presentes, e como tinham sido absorvidas emocionalmente, continuavam dominando-o.

Por isso, embora conscientemente tivesse procurado ter sucesso financeiro, acabou promovendo situações que confirmaram suas crenças. Ser traído pelo sócio e falir significavam permanecer fiel às crenças do avô e da mãe.

Ao adquirir consciência do poder que essas crenças inconscientes tiveram sobre ele, Tadeu fez o trabalho necessário para desconstruí-las e substituí-las por outras. Quando incorporou novas crenças poderosas que ocuparam o lugar das antigas, sentiu-se leve e seguro para recomeçar.

Apoiado pela namorada, decidiu abrir uma loja de sucos e contratou uma consultoria para ajudá-lo a planejar e a montar o negócio. Começou pequeno e foi crescendo. Hoje, Tadeu tem dois sócios, escolhidos depois de cuidadosa avaliação, e está prosperando com tranqüilidade.

O poder das crenças é...

- Ter consciência daquilo que acredita em seu coração. O poder das crenças não se refere ao que alguém diz racionalmente, mas ao que a pessoa pensa em seu íntimo.

- Perguntar-se: no que preciso acreditar para conseguir o que quero? Qual é a crença das pessoas que já conseguiram o que eu quero?

- Aprender a transformar suas crenças limitantes em outras, fortalecedoras. A crença "Sou inseguro e não consigo levar meus projetos adiante" pode se transformar em: "Sou confiante e transformo meus projetos em realizações concretas através das minhas ações."

- Encontrar uma crença limitante e buscar sua essência para descobrir em que precisa acreditar para revertê-la. Coloque no papel, reescreva, mude, até encontrar uma forma de colocar a velha crença no positivo que parece ideal para você.

- Lembrar que nenhum grande sucesso pode acontecer sem que a pessoa tenha a convicção de que alcançará seu objetivo.

- Escolher as palavras que usa com o mesmo cuidado com que toma um remédio. As palavras são criadoras e por meio delas é possível curar feridas internas e realizar as tarefas mais difíceis.

- Saber que você pode tudo o que acha que pode. Não tome para si preconceitos e crenças negativas de outras pessoas, ainda que tenham sido publicadas nas revistas ou proclamadas por pessoas que você admira.

- Não esperar ver para acreditar, mas acreditar para ver. Se fizer uma varredura na sua vida, observará que tem levado uma vida que reflete suas crenças verdadeiras. Para vencer, é preciso ter crenças de um vencedor.

- Buscar ferramentas de autoconhecimento sempre. A vitória acontece de dentro para fora. Todas as realizações começam na imaginação e são impulsionadas por crenças fortes o bastante para colocá-las em movimento.

- Manter o foco positivo, mesmo diante de situações negativas. Aquilo em que pensamos constantemente termina por se transformar no que acreditamos.

- Saber separar o que é seu do que é dos outros. Você pode amar sua família e não compartilhar de suas crenças limitantes. E ajudá-la por meio do exemplo. Nossas ações falam por nós.

- Alimentar a mente e o espírito com boas leituras, bons filmes, conversas elevadas e atos positivos.

- Fazer uma relação das crenças que precisaria ter para alcançar aquilo que gostaria de ser, ter e fazer na vida. Busque exemplos de pessoas que já tenham conquistado o que você deseja e modele suas crenças. Procure biografias, assista a filmes, pesquise suas vidas e terá informação e motivação para conseguir também.

Capítulo 7

Desenvolvendo competências emocionais: o caminho para o êxito

> "Para podar uma árvore com rapidez,
> gaste o dobro do tempo
> afiando o machado."
>
> *Provérbio chinês*

"É nosso dever proceder como se não existissem limites para aquilo que podemos fazer."

Teilhard de Chardin

"Eu sempre acreditei e ainda acredito que não importa se a boa ou a má fortuna chegar em nosso caminho, podemos sempre encontrar um significado e transformá-la em algo de valor."

Hermann Hesse

Pesquisas realizadas em todo o mundo constatam que a capacidade de desenvolver competências emocionais adequadas é fundamental para o sucesso. Mais importante do que conhecimento intelectual e competência profissional, a habilidade de administrar as próprias emoções é o diferencial dos que alcançam sucesso.

Mas o que é uma competência emocional?

Se você pensou em inteligência emocional está no caminho certo. Ter competência emocional, basicamente, é ter autocontrole e saber administrar as próprias emoções. É não permitir que algo externo o desvie do seu propósito. Isso implica não se deixar pressionar pelo estresse e não entregar seu poder para alguém ou algo fora de você. É uma atitude interna.

Falando de uma outra maneira, podemos definir competência emocional como a habilidade de usar as emoções a favor de si mesmo, conduzindo a própria percepção para produzir estados emocionais positivos.

Esses estados emocionais positivos permitem que a pessoa escolha a melhor atitude a tomar diante das situações com que se defronta. Dessa forma, tudo, mas tudo mesmo, o que acontece é transformado em combustível para seguir na direção dos seus objetivos.

Ao desenvolver competências emocionais importantes, você se torna consciente dos seus processos internos e pode responder de modo positivo às circunstâncias. Aprende a perceber os gatilhos que disparam emoções indesejáveis e neutralizá-las, direcionando seu foco e gerando um estado positivo para lidar com o que estiver acontecendo.

Alguém com consciência de seus processos internos e habilidade para interagir com eles faz escolhas adequadas.

Se você acha difícil, ou mesmo impossível, lidar com determinadas situações que se apresentam na vida, uma boa notícia: todo mundo pode desenvolver as competências emocionais de que precisa para superar os obstáculos e vencer as dificuldades que surgem no caminho, abrindo portas para oportunidades de sucesso e de felicidade.

Pessoas com competências emocionais desenvolvidas não se deixam levar pelo que acontece externamente. Mantêm a mente direcionada para seus objetivos e sabem lidar com as circunstâncias do momento.

Habilidade no relacionamento interpessoal, capacidade de liderança, administração do estresse, motivação, equilíbrio emocional, assertividade e boa comunicação são alguns exemplos de diferentes competências emocionais.

Suas competências emocionais determinam o quanto você é capaz de utilizar sua inteligência e conhecimento para criar a vida que deseja.

Desenvolvendo a tolerância à frustração

Quem costuma ter crises de raiva, se irritar com facilidade, discutir e brigar quando contrariado, em geral, termina por comprometer seus relacionamentos.

A verdade é que um temperamento explosivo revela uma personalidade frágil e insegura, que termina por afastar pessoas que valorizam o respeito e a aceitação nos seus relacionamentos e, portanto, não permitem esse tipo de comportamento.

Em geral, a grande causa desse tipo de turbulência no comportamento é a *baixa tolerância à frustração*. As competências a serem desenvolvidas, portanto, são a tolerância à frustração e a paciência. Para isso, é fundamental que a pessoa desenvolva a capacidade de aceitação e reconheça o direito de cada um de pensar e agir como quiser.

Para lidar com a frustração é preciso considerar que o mundo e as pessoas não têm de corresponder às suas expectativas. Você pode desejar que algo aconteça, mas não pode exigir que seja assim. Uma contrariedade é apenas uma contrariedade. Não há tragédia alguma nisso.

Aprender a desenvolver alternativas para lidar com a realidade é uma maneira de tomar para si a responsabilidade pelo que acontece.

A aceitação da situação permite que esta seja percebida no seu tamanho real, sem ser superdimensionada. Torna-se, então, possível adquirir um distanciamento em relação às circunstâncias e manter um estado positivo.

A frustração pode ser um elemento fortalecedor no processo de seguir na direção do que se deseja.

Para que isso ocorra, porém, é necessário interromper o padrão automático das reações habituais e perceber que o outro faz o que faz por motivos que são dele e que não há nada pessoal nisso.

Como adquirir novas competências emocionais?

O primeiro passo é descobrir as competências emocionais de que você precisa para obter novos resultados na vida.

O segundo passo é encontrar uma estratégia eficaz para desenvolver essas habilidades e implementá-las no seu comportamento. Então, poderá utilizá-las nos contextos e momentos adequados.

Em outras palavras, para adquirir novas competências emocionais é preciso se conectar com a qualidade, o atributo ou a habilidade que irá ajudá-lo a lidar efetivamente com as situações que se apresentam na vida, superando as dificuldades.

Fazer perguntas é uma das chaves. Pergunte, por exemplo: que atributo me ajudaria a lidar com essa situação de forma positiva? Como poderia lidar com essa experiência para produzir resultados positivos na minha vida? Que comportamentos são necessários para que isso aconteça? Que recursos internos eu precisaria ter para ultrapassar essa dificuldade? O que preciso mudar em mim para mudar a maneira como percebo essa situação?

Ao responder a essas perguntas você chegará à competência emocional que precisa adquirir para agir de modo efetivo na vida. Pode ser que precise desenvolver diferentes competências emocionais. Tudo bem. Você pode, por exemplo, concluir que precisa de determinação, tolerância e foco.

Comece com a competência mais importante, aquela que, ao estar presente, facilitará o desenvolvimento das outras. A determinação permite que se adquiram tolerância e foco. De que forma você pode aprender a ser determinado? Comece traduzindo a competência desejada em pensamento e ação.

A determinação pode ser compreendida como a habilidade interna de manter firme o objetivo na mente, independentemente das circunstâncias externas; realizar ações relacionadas ao seu objetivo; cultivar pensamentos de vitória; ter um comportamento proativo e agir, em vez de esperar que as coisas aconteçam; ir atrás de oportunidades e assim por diante.

Depois de traduzir uma competência em termos de comportamentos relacionados a ela tudo fica mais fácil.

Paciência, por exemplo, pode ser traduzida como: ouvir sem interromper; aceitar (sem julgar) o fato de que cada pessoa tem um ritmo e um jeito de ser; aguardar sua vez; respirar; manter o pensamento positivo; deixar que as coisas fluam sem querer apressá-las; não querer controlar o outro e assim por diante.

Mudando crenças antigas

Muitas vezes, para acessar determinada competência emocional é preciso passar pela transformação de crenças antigas, mudando aquelas que reforçam um comportamento negativo.

Por exemplo: uma pessoa que tem a crença de que não é bom o bastante e que não tem valor precisa desenvolver a competência emocional da *autoconfiança*.

Autoconfiança quer dizer acreditar que você pode aquilo que deseja ser, ter, fazer. Significa confiar na sua intuição, dizer o que pensa, aceitar desafios, sentir-se seguro diante das outras pessoas, compartilhar suas idéias, agir com tranqüilidade.

Parte do processo da construção da autoconfiança é encontrar experiências no passado em que foi bem-sucedido no que fez.

Não há sucesso sem inteligência emocional

Cada vez mais o sucesso profissional requer a capacidade de desenvolver competências emocionais.

Um *chef* de cozinha precisa desenvolver o paladar, ter os sentidos apurados, senso estético e sensibilidade, capacidade de organização e coordenação de tarefas, além de conhecer a natureza dos alimentos.

Precisa ter bom senso para combinar ingredientes, agradar os clientes e ter criatividade para apresentar seus pratos. Sem essas competências associadas, dificilmente terá sucesso.

Da mesma forma, talento não é suficiente para fazer de alguém um jogador de futebol. Para se destacar no gramado, é preciso treinar o tempo necessário para adquirir domínio da bola, ter espírito de equipe, controlar a raiva e criar oportunidades de passes, dribles e jogadas que levem um time à vitória.

Para tornar-se um pianista de sucesso é fundamental estudar teoria musical e investir muitas horas na prática. Entrar em sintonia com o instrumento e a música para, com determinação, compromisso e dedicação, levar a platéia ao delírio.

Não importa a profissão. Sem aprendizado, treino e constante auto-aperfeiçoamento, qualquer pessoa está condenada à mediocridade. A mesma coisa acontece quando alguém não investe tempo, vontade e recursos no desenvolvimento das competências emocionais de que necessita.

A qualidade da sua vida depende do tempo e da energia investidos no autoconhecimento.

Descobrir as competências de que precisa para manter um relacionamento pleno com você mesmo e com as outras pessoas faz a diferença entre uma vida de realizações e uma de frustrações.

Na vida pessoal ou profissional, a excelência está diretamente ligada à capacidade de perceber as próprias necessidades e as dos outros.

Seja na vida amorosa ou na empresa, invista sua atenção, seu tempo e seus recursos no aprendizado

emocional e colherá os frutos na forma de amor, alegria, abundância, saúde, sucesso e habilidade para chegar aonde quer que sua felicidade esteja.

Exemplo:

Lucas estava com problemas em casa e na empresa. Sua mulher se ressentia da falta de atenção em relação à família, e os dois estavam se afastando um do outro. Lucas trabalhava 12 horas por dia e achava que era o melhor que podia fazer pela família, para proporcionar à mulher e aos dois filhos um padrão de vida que incluía viagens, colégios caros, carro do ano, restaurantes de luxo, jóias e cartões de crédito para compras constantes.

Quando a empresa em que trabalhava foi vendida, mudando o controle acionista, iniciou-se uma política de demissão dos funcionários com os mais altos salários. O novo presidente tinha a missão de enxugar a empresa e aumentar os lucros. Lucas sentiu-se inseguro e ameaçado de não ter como pagar as contas das despesas familiares. Como diretor de uma área estratégica da empresa, descobriu que não era fácil se alinhar com o novo chefe. O novo presidente interferia em todos os projetos, mudando de idéia a cada momento, sem aprovar decisões que precisavam ser implementadas para que o trabalho seguisse adiante. Com uma equipe desmotivada, os projetos se acumulando na sua mesa sem encaminhamento. Com a ameaça de perder o emprego, Lucas passou a ter problemas de pressão alta e teve uma crise que o levou a uma clínica de cardiologia.

Que competência Lucas precisou desenvolver para lidar com as dificuldades no casamento e na empresa?

Para compreender o que estava acontecendo com seu casamento, ele precisou desenvolver aceitação e empatia.

Ao aceitar que sua mulher tinha necessidade de atenção diferente da dele, pôde compreender que, embora ele achasse que ao dar coisas materiais para a família estava cumprindo sua parte e mostrando que se importava, isso não era suficiente. A empatia permitiu colocar-se no lugar dela e ouvi-la de uma forma nova. Percebeu que a família valorizava mais sua presença do que as viagens e os carros novos.

Precisou aprender a se comunicar efetivamente, para poder ouvir e expressar seus pontos de vista e sentimentos sem cobranças, julgamentos, nem outros padrões negativos que impedem a boa comunicação entre parceiros. Com aceitação, empatia e boa comunicação, Lucas pôde desenvolver a expressão amorosa e dar à família o carinho e o aconchego de que tanto sentiam falta.

Ele voltou a se sentir valorizado, querido e tranqüilo na vida familiar, o que o ajudou a perceber o que precisava para superar o estresse no trabalho. Com o apoio da mulher, ele fortaleceu sua autoconfiança, uma competência emocional fundamental.

Sentindo-se confiante, Lucas entendeu que, lá ou em outro lugar, era um ótimo profissional e não dependia daquela posição para estar no mercado. Essa percepção fez com que se sentisse seguro para encarar de frente a nova situação na empresa. A segurança e a habilidade para se comunicar com efetividade permitiram que se posicionasse diante da sua equipe e em relação ao novo presidente.

Para ter sucesso, desenvolveu a tolerância e, assim, pôde lidar com as limitações das pessoas sem sair do seu centro. Conseguiu que o chefe compreendesse a necessidade de estabelecer critérios específicos para o que queria e de seguir o cronograma aprovado por ele para que pudessem alcançar metas.

Lucas conseguiu ser atendido sem se confrontar diretamente, sem criticar, sem se queixar nem julgar o modo de o presidente agir. Simplesmente estabeleceu empatia, mostrou que estava disposto a compreender e a cooperar e propôs que fossem estabelecidos critérios que apoiassem o andamento do trabalho. Conversou com a equipe e motivou o pessoal a superar o desafio de aprender a trabalhar sob novas condições. Nesse processo, Lucas desenvolveu o equilíbrio emocional e aprendeu a cuidar de si próprio antes de tudo.

Começou a fazer atividade física, passou a cuidar melhor da alimentação e se uniu à família para atividades de lazer. Essa mudança tornou-se possível por causa do problema que o levou à clínica onde passou dez dias internado. Atendido por uma psicóloga e conversando com um velho amigo de infância que reencontrou e que era médico na clínica, Lucas teve oportunidade de redesenhar sua vida. Não é preciso esperar por uma crise que ponha a vida em risco para repensar o modo como você está se colocando.

Ter competência emocional é...

- Saber que a inteligência não basta. É preciso aplicá-la a seu favor.

- Não deixar a vida no piloto automático. O crescimento é um processo contínuo e o que funcionou antes para você pode não ser adequado para o seu momento atual. Fazer reavaliações periódicas e buscar recursos para continuar se aperfeiçoando é atitude de quem busca excelência.

- Usar a sensibilidade como um radar, mas sem se deixar dominar por emoções. Pessoas que reagem emocionalmente se arriscam a agir impulsivamente e a provocar resultados indesejados.

- Exercitar a empatia e conseguir se colocar no lugar do outro. Essa habilidade lhe permite perceber uma situação além do seu ponto de vista, ampliando sua percepção sobre o assunto em questão. Ao calçar os sapatos da outra pessoa você compreende melhor seu modo de caminhar e seus relacionamentos se transformam.

- Encontrar estratégias de automotivação para vencer as dificuldades do percurso e fortalecer a disposição de fazer o que for necessário para atingir seus objetivos.

- Aprender a se conectar com a essência de uma situação. Quando isso acontece, você adquire o poder de ultrapassar dificuldades e lidar com o que surgir em seu caminho.

- Identificar o que precisa aprender e praticar por meio de ações específicas. Isso é ir além dos pensamentos e se colocar em movimento com atitudes que fazem a diferença.

Capítulo 8

Ação é o fundamento do sucesso

"A grande finalidade da vida não
é conhecimento, mas ação."
Thomas Henry Huxley

"Não espere; o tempo nunca será o
'tempo certo'. Comece onde você
está agora; trabalhe com as ferramentas e os
recursos que estiverem ao seu alcance e,
ao longo do caminho, obterá melhores
ferramentas e recursos."

Napoleon Hill

"Idéias precisam ser trabalhadas pelos cérebros e braços de homens bons e corajosos, ou não serão nada além de sonhos."

Ralph Waldo Emerson

O que você está fazendo para conseguir aquilo que deseja?

Se você não está fazendo nada para alcançar seus objetivos, é hora de questionar se deseja realmente aquilo que pensa querer.

Estar comprometido com o que se quer é passar da idéia para a prática, sair do plano mental e entrar em ação.

Quase todo mundo conhece alguém inteligente, criativo, talentoso, mas que não realiza nada. E outras pessoas menos inteligentes, criativas e talentosas, acabam por se destacar em diferentes áreas da vida, obtendo sucesso. A verdade é que ninguém realiza objetivos sem merecimento.

O sucesso — não importa o que signifique para você — é fruto do trabalho e da determinação para fazer o que for necessário para chegar aonde se quer.

Vivemos num mundo físico, material, que oferece recompensas para quem faz. Um mundo que premia as ações. Não adianta ficar no plano das idéias, estudando, projetando, antecipando o que pode acontecer em cada etapa do caminho. Embora o planejamento seja um passo em direção à ação, só há sentido em planejar com um cronograma para entrar em cena e agir.

A ação é o fundamento da vitória, pois sem movimento nada acontece.

Se você não se colocar fisicamente na direção dos seus objetivos, estará desperdiçando os recursos que possui, sejam eles inteligência, talento, conhecimento, tempo, contatos, dinheiro ou não importa o quê. Tudo será inútil se não estiver conectado com a ação.

Comprometa-se com aquilo que quer

Observe o quanto está comprometido com comportamentos que apóiam a realização dos seus objetivos.

Você vive no terreno das idéias ou está executando seus planos e progredindo na direção das suas metas? A ação sinaliza se está navegando na ilusão ou construindo a vida que deseja. Agir é estar envolvido com o corpo, a mente e as emoções num comportamento específico.

Não adianta, por exemplo, se matricular em uma academia de ginástica, ler tudo sobre exercícios físicos, assistir a outras pessoas se exercitando, se você não põe seu corpo em movimento e realiza atividades físicas.

Talvez você já tenha conhecido um escritor que não senta para escrever, embora tenha um livro inteiro na cabeça; um atleta com potencial que não treina o suficiente; um arquiteto que não se dedica a um projeto.

Existem pessoas que afirmam querer emagrecer e ficar em forma, mas não persistem na dieta nem começam um programa sério de atividades físicas. Há desempregados que dão uma olhada nos classificados, enviam alguns currículos para empresas e ficam em casa, lamentando a sorte e esperando a oportunidade bater à porta.

Quem planeja arrumar os armários, organizar papéis e colocar a casa em ordem e não põe a mão na massa permanece na desordem.

Isso se aplica a qualquer coisa que alguém deseje, mas que nada faça para conseguir. É mais saudável reconhecer a falta de vontade do que entrar na ilusão do falso desejo. A verdade coloca a pessoa diante do que é, sem disfarces, tornando mais fácil lidar com as dificuldades internas e fazer o trabalho necessário para mudar o que não está dando certo na vida.

A ilusão, ao contrário, traz decepção e diminui sua auto-estima, rompendo compromissos que faz consigo mesmo.

É importante estar atento para não se sabotar e achar que está em movimento, quando continua no mesmo lugar e apenas sua mente viaja.

Simplesmente faça

Conseguir alcançar um objetivo é um processo que envolve atenção, esforço e responsabilidade. A boa notícia é que, ao se colocar em ação, você recebe as indicações de que precisa para avançar com confiança e sucesso.

Estabeleça qual é a próxima ação necessária para seguir na direção dos seus objetivos e faça.

É preciso saber o que fazer — e como fazer — para alcançar um objetivo. Isso implica em fazer um planejamento estratégico baseado na realidade e no bom senso, usando as condições de que dispõe agora, no presente, para começar.

Um dos modos de ficar paralisado é esperar pelas condições ideais para fazer algo.

Como isso não acontece, pois o ideal e o perfeito não são deste mundo, os perfeccionistas, muitas vezes, por não aceitarem o que é possível, adiam indefinidamente a realização de seus projetos.

As coisas se concretizam no mundo a partir do possível e não do ideal.

Faça e encontrará aquilo que precisa para continuar fazendo. Tome as rédeas da sua vida e coloque em prática aquilo que acredita querer.

Promova ações para construir a vida que deseja e não terá motivos para se lamentar. Se não estiver fazendo isso, avalie seus desejos, pois pode ser que não queira, de verdade, o que pensa querer.

Entrando em ação

A atitude mais importante para entrar em ação é assumir a responsabilidade por aquilo que deseja.

Quando você percebe que é a única pessoa que pode proporcionar a si mesmo o que deseja, deixa de lado as fantasias de soluções mágicas que chegam de fora e começa a fazer algo por você.

Não é preciso fazer grandes coisas, basta se colocar em movimento, fazer mudanças microscópicas e manter o foco no seu objetivo.

Assim como o oceano é composto por gotas de água, o mais longo dos caminhos é trilhado a cada passo; as realizações são alcançadas gradativamente, por meio de uma ação consistente.

A chave é começar. Não importa o que queira, simplesmente comece.

Ao dar início ao que quer concretizar, você rompe a barreira da inércia e traz para o mundo o que só existia em estado potencial na sua mente.

Uma vez iniciado o processo, tudo o que tem a fazer é seguir adiante sem se distrair pelo caminho. Existe um tempo para pensar e um tempo para fazer. Para que uma idéia se transforme em algo real, é preciso executar.

Exemplo:

Rita e Eduardo passaram anos falando sobre a pousada que construiriam na serra quando se aposentassem. Os dois começaram a trabalhar ainda jovens e aos 52 anos dispunham de tempo e capital para colocar o plano em prática.

Mesmo assim, passados cinco anos, continuavam a pensar e a falar na pousada, sem que tivessem decidido o local do empreendimento.

Eduardo trabalhara toda a vida como executivo de uma empresa e era um hábil negociador. Rita, sua mulher, trabalhara como relações públicas de uma cadeia de joalherias, e os dois juntos reuniam habilidades para transformar seu sonho em um negócio bem-sucedido.

O problema é que eles não queriam começar dentro das suas possibilidades. Se, por um lado, é importante pensar grande, é fundamental saber começar de acordo com as condições disponíveis.

Rita queria fazer da pousada um centro gastronômico, e em função dessa idéia, os dois investiram um bom dinheiro em cursos de cozinha e enologia fora do Brasil.

Também faziam questão que a pousada tivesse um projeto arquitetônico arrojado, oferecendo aos hóspedes o conforto de um cinco estrelas.

Rita adorava pintura e idealizava a pousada com obras de artistas consagrados, lençóis de algodão egípcio, porcelana francesa, cristais e todo o requinte que conseguia imaginar.

O capital que tinham era o suficiente para uma pousada pequena, confortável e sem grandes luxos. Mas, com bom gosto, atendimento diferenciado e criatividade, o lugar poderia se tornar uma opção de charme para quem quisesse passar alguns dias na serra. Todos os conhecidos apostavam na sua capacidade de receber bem e tocar o negócio com sucesso.

Quando completou 60 anos, Eduardo comemorou com Rita num castelo no sul da França, buscando inspiração para a pousada que iriam ter. Aos 70 anos, os dois haviam gasto praticamente tudo o que tinham. A pousada não foi construída embora os dois, já velhos, continuassem a falar do sucesso que poderiam ter feito se tivessem realizado o que queriam.

Esse tipo de história se repete com freqüência. Mudam os projetos e as circunstâncias, mas o que há em comum são idéias que não são colocadas em prática e que se desgastam com o tempo, deixando um rastro de frustração, ressentimento e tristeza.

Entrar em ação é...

- Fazer o que tem de ser feito, não importa o que possa estar sentindo.

- Não esperar que a oportunidade chegue, mas criar a oportunidade que deseja.

- Comprometer-se com sua meta e não permitir que nada se coloque entre você e seu objetivo.

- Não esperar que algo aconteça para agir. Você não pode depender de nada que não venha de você, se quiser se manter em ação.

- Recusar-se a ser complacente com você mesmo e seguir adiante apesar das dificuldades. Não é fácil, mas quanto mais você agir, mais facilidade terá para continuar.

- Dizer não a um convite para sair e adiar o prazer, se isso for necessário. A não ser que priorize seu objetivo, não chegará a concluir nada do que começar.

- Não olhar para trás nem lamentar o que passou. O tempo para fazer é agora.

- Saber que você só pode fazer uma coisa de cada vez. Decida o que é mais importante e dedique-se a isso.

- Desenvolver as habilidades necessárias para levar seu projeto adiante. Pode ser que a primeira ação rumo a uma meta seja capacitar-se para realizá-la. Talvez você precise se matricular num curso, contratar uma consultoria, estudar sozinho, ouvir a opinião de especialistas no assunto.

- Aprender a se automotivar para manter a energia e não desistir antes de chegar.

- Confiar na sua intuição. Ela é um canal direto com a sabedoria infinita. Esteja atento às mensagens que recebe do universo. Estar conectado com sua intuição pode guiá-lo pelo caminho e evitar que cometa erros desnecessários.

- Conhecer sua força e sua deficiência para expandir a primeira e buscar recursos para superar a segunda.

- Dar o primeiro passo e continuar fazendo o melhor possível, sem cair na cilada de se comparar com as outras pessoas nem de se entregar às dúvidas.

- Estar inteiro no que você faz, concentrando-se em cada ação, sem se desviar da rota.

- Descartar desculpas e justificativas. Você sempre poderá encontrar explicações para justificar o que quiser. Para fazer acontecer, não é preciso explicar nada, basta fazer.

- Assumir o papel de agente da própria vida. Uma vez tomada uma decisão, parta para a ação sem olhar para trás.

- Correr riscos e fazer sua parte, mesmo sem ter garantia do resultado. Não é possível prever o futuro nem ter garantias sobre o que quer que seja. Tudo o que pode fazer é eleger um objetivo e entrar em ação.

Capítulo 9

Autodisciplina: a chave mestra do sucesso

"A qualidade única, aquela que faz a diferença entre nós, a chave que transforma aspirações em realizações, enquanto outros permanecem na mediocridade, não é o talento, a educação formal nem o brilho intelectual — mas a autodisciplina. Com disciplina todas as coisas são possíveis. Sem ela, mesmo o mais simples dos objetivos pode parecer um sonho impossível."

Theodore Roosevelt

“Busque a liberdade e se tornará escravo dos seus desejos. Busque a disciplina e encontrará a liberdade.”

Frank Herbert

“O hábito pode ser o melhor dos serviçais
ou o pior dos tiranos.”

Nathaniel Emmons

Admiramos os que são fortes e têm sucesso. Pessoas que em diferentes áreas da vida, com determinação e disciplina, alcançaram seus objetivos, superando os obstáculos do caminho.

Elas estão nas reportagens dos jornais e das revistas, em entrevistas na televisão, brilhando no mundo com suas realizações. Mas também podem se manter anônimas, fazendo aquilo a que se propuseram e desfrutando a vida.

Sejam artistas, cientistas, escritores, estadistas, profissionais de diferentes áreas, eles têm um denominador comum que faz a diferença: autodisciplina. Preguiça, dispersão, tendência a se deixar levar por oscilações do humor, entre outros comportamentos, expressam padrões limitantes.

A autodisciplina funciona como um antídoto para hábitos negativos, promovendo novos padrões de comportamento que irão auxiliá-lo a se tornar a pessoa que deseja ser.

Disciplina gera liberdade

Ao contrário do que muitos pensam, a autodisciplina não é uma prisão que torna a vida entediante e sem prazer. Não tem nada a ver com limitação, mas justamente o oposto.

A autodisciplina gera oportunidades para se viver plenamente, com prazer, criatividade, abundância e felicidade.

Um dos maiores benefícios que a autodisciplina traz é a liberdade.

Ao organizar a forma como utiliza seu tempo e seus recursos você se mantém alerta e pode retomar o curso sempre que se desviar do caminho. Por isso, a autodisciplina é considerada a base de todas as realizações, funcionando como um radar que orienta o navegante, não deixando a embarcação à deriva.

Com a autodisciplina você pode manter o foco voltado para o objetivo que deseja, até alcançá-lo.

Falta de autodisciplina gera falta de sorte

A falta da autodisciplina é responsável por todo tipo de dificuldade, gerando experiências interpretadas como má sorte ou fracasso.

Os indisciplinados vivem ao sabor da vontade, do humor e do estado de ânimo e costumam atribuir o sucesso à "sorte". Não percebem que a sorte não acontece por acaso.

Cada um constrói sua sorte com o que faz na vida. Obesidade, ruína financeira, relacionamentos destrutivos, falta de energia, desemprego, saúde debilitada, crises, baixo rendimento escolar, dificuldades emocionais, estresse e outras expressões de carência e desequilíbrio podem surgir como conseqüência da falta de autodisciplina.

De modo geral, eventos interpretados como derrotas são o resultado de um estilo de vida indisciplinado. É a falta da autodisciplina que transforma os maiores talentos e ambições em um "poderia ter sido".

Pessoas autodisciplinadas, em contrapartida, têm autocontrole e sabem gerenciar suas vidas, fazendo com que suas ações as levem na direção de seus objetivos. Assim, atraem o que chamamos sorte.

Autodisciplina pode ser aprendida

Você poderá aprender a ser disciplinado, se estiver disposto a fazer o esforço necessário para isso. Independentemente do seu temperamento, da sua personalidade e da sua história de vida. Ao reconhecer a autodisciplina como chave para o sucesso, você poderá adquirir a força de vontade e a determinação que promovem e fortalecem o autocontrole.

Algumas pessoas parecem ter nascido movidas para a ação. Elas trazem dentro de si um *drive* para realizar, possuem força interior e domínio da vontade.

Ouvem falar de algo que está funcionando para alguém e trazem aquilo para suas vidas. Seja um programa de exercícios físicos, uma dieta, um curso, uma carreira ou o que quer que seja. Conseguem tempo, condições e energia para fazer.

Entretanto, se você é como a maioria, precisará desenvolver a autodisciplina através da prática. Observe o que as pessoas autodisciplinadas fazem. E, então, modele as crenças que as motivam a fazer o que fazem.

Não adianta querer ter uma atitude disciplinada em sua vida se mantiver a crença de que uma vida disciplinada é chata e sem surpresas. A não ser que transforme essa crença, seu inconsciente se recusará a apoiá-lo e tratará de evitar que sua vida se torne chata e sem surpresas, impedindo-o de se tornar autodisciplinado.

Como o que acreditamos sobre o que fazemos dá consistência às nossas ações, é importante modelar crenças fortalecedoras que apóiem uma atitude disciplinada.

Pessoas de sucesso utilizam a autodisciplina como ferramenta para construir a vida que desejam.

Acreditam que, ao abrir mão de prazeres imediatos, ganharão muito mais e desfrutarão realizações compensadoras.

A chave do sucesso

O efeito imediato da disciplina é o aumento da auto-estima, produzindo resultados positivos em todas as outras áreas da vida.

Pessoas autodisciplinadas têm mais tempo para se divertir. O fato de estarem em ação possibilita a conquista de uma vida abundante, prazerosa, realizada.

A habilidade de um indivíduo para conduzir suas ações é diretamente proporcional ao grau de sucesso e felicidade que experimenta.

Compromisso com a disciplina

As recompensas que a vida oferece não são baseadas no potencial de alguém, mas no seu desempenho, nas ações que produz na vida.

Estar comprometido com algo significa priorizar um compromisso em detrimento do que não está em sintonia com ele.

Ser autodisciplinado é fazer mais o que dá certo na sua vida. Isso implica fazer menos ou deixar de fazer o que não funciona.

Resistir às tentações mantendo-se longe de hábitos e comportamento negativos exige atenção, esforço e responsabilidade. Somente com o exercício da vontade adquire-se força para ganhar domínio sobre si mesmo.

É preciso se recusar a satisfazer desejos que não são importantes se quiser conquistar suas metas. Ao aprender a negar a satisfação de desejos você se fortalece.

O compromisso com a autodisciplina

O compromisso com a autodisciplina é o que faz com que você não caia em tentação e se mantenha firme no caminho traçado. Esse compromisso mantém a motivação em alta e o ajuda a abrir mão de uma gratificação imediata para obter uma satisfação duradoura adiante.

Se você quiser subir na carreira, entrar em forma, comprar um imóvel, recomeçar sua vida amorosa, conquistar um diploma, evoluir espiritualmente ou seja lá o que for, terá de se comprometer com a autodisciplina, ou seu sonho não passará de uma fantasia ociosa.

Mesmo quem tem talento e facilidades para obter o que deseja só conseguirá concretizar seus projetos com uma atitude disciplinada.

A autodisciplina o mantém comprometido com pensamentos, emoções e ações que promovem o crescimento e o sucesso na vida. E você se torna líder de si mesmo e realiza seu potencial no mundo.

Não se justifique, faça

A tendência de muitas pessoas é atribuir a causa de suas dificuldades a circunstâncias externas ou a outras pessoas. Entretanto, ao pôr uma lente de aumento na origem dos insucessos se percebe que a falta de disciplina é a causa da maioria das derrotas.

A escolha é sempre sua. Descarte o que não funciona para você e faça mais e mais aquilo que funciona. O segredo da ação é dar o primeiro passo e fazer acontecer.

Exemplo:

Daniel teve uma adolescência instável e se rebelou contra a escola e as outras atividades que fazia desde a infância. Depois de fingir que freqüentava as aulas de inglês e de espanhol, sua mãe descobriu que ele não aparecia no curso havia meses. Por mais que tentassem, seus pais não conseguiam fazê-lo compreender a necessidade de terminar o ensino médio e se preparar para a vida.

Temendo que o filho se envolvesse em drogas e com os marginais da cidade, permitiram que o garoto fosse morar em Mauá, na casa de campo da família. Lá, junto com amigos, Daniel viveu de forma alternativa, plantando e comercializando produtos naturais.

Uma festa de família, quando ele tinha 27 anos, reuniu irmãos e primos de uma mesma geração. Todos estavam encaminhados na vida profissional, alguns casados e outros com planos de viajar para fazer cursos de pós-graduação. Daniel, de repente, se deu conta que tinha ficado parado no tempo e sentiu vontade de mudar de vida.

Para recuperar o tempo perdido, ele teria de se organizar para trabalhar e estudar, pois seus pais não estavam mais dispostos a sustentá-lo, além de prover casa e comida, e a ajudá-lo a pagar os estudos. Queriam que ele se tornasse responsável e lutasse pela vida.

Daniel tinha se habituado a só fazer o que queria e precisou se adaptar a uma rotina. Mais do que isso, percebeu que se não se disciplinasse não conseguira estudar à noite e trabalhar durante o dia. Além disso, se deu conta de que precisava saber informática e inglês, o que implicava mais horas de cursos aos sábados.

Foi necessário fazer um planejamento e distribuir as atividades ao longo do dia. Para não deixar de fazer uma atividade física, passou a acordar às cinco da manhã a fim de correr na praia antes de tomar banho e estudar uma hora até sair para o trabalho.

Não foi fácil conseguir manter a disciplina. Logo percebeu que as conseqüências de falhar com o planejamento feito trazia novas dificuldades, obrigando-o a repetir matérias e retardando seus objetivos.

Do mesmo modo que havia se rebelado antes, mostrou-se determinado e insistiu, até que a disciplina se tornou um hábito. Com o tempo, já não sentia dificuldade ou desânimo em seguir a rotina. Fazia tudo como se estivesse numa gincana. Tomou gosto por superar a si próprio e, a cada meta alcançada, estabelecia novas metas.

Assim, formou-se em arquitetura e abriu um escritório com um colega de faculdade. Atualmente, Daniel é considerado um dos melhores arquitetos da sua geração e dá aulas em uma universidade. Antes de começar o conteúdo do programa da sua matéria, ele faz questão de ensinar seus alunos a importância da autodisciplina.

Autodisciplina na prática é...

- Planejar e priorizar o que deve ser feito em primeiro lugar.

- Perseverar e manter seu compromisso, apesar do que estiver sentindo. Pessoas que se deixam controlar pelas emoções não estão no comando da própria vida.

- Não investir energia em preocupações, mas se ocupar do que precisa ser feito.

- Não se deixar paralisar pelos obstáculos, mas aceitá-los com naturalidade, sabendo que fazem parte do processo de alcançar seus objetivos.

- Começar com as pequenas decisões. São elas que condicionam os músculos para a tomada de grandes decisões.

- Ir à academia apesar de estar cansado, irritado, sem vontade, porque está comprometido com a meta de manter a saúde e a forma física.

- Dizer "não" sem se deixar abalar pelos argumentos das outras pessoas, simplesmente porque você tem algo a fazer e se responsabiliza para que seja feito.

- Retomar o rumo cada vez que escorregar, mantendo o foco na meta e sem perder tempo para lamentar o que já foi.

- Manter compromissos e cumpri-los.

- Comemorar cada conquista, não importa o quão insignificante possa parecer.

- Observar em que direção está indo a sua mente e dirigir seu pensamento, a fim de se manter motivado.

- Acreditar que todos os problemas trazem com eles a solução.

- Perseverar até superar cada obstáculo.

- Eliminar as justificativas e as desculpas da sua vida.

- Traçar um plano de ação e se manter ocupado em cumpri-lo.

- Recusar-se a satisfazer desejos desnecessários e que não são importantes.

- Interromper um padrão negativo de comportamento e substituí-lo por outro, positivo.

- Desenvolver as habilidades necessárias para atingir suas metas. Seja aprender uma língua, adquirir novos conhecimentos, praticar atividades físicas, meditar, cozinhar etc.

- Fazer o que precisa ser feito.

Capítulo 10

As respostas estão nas perguntas

"Os problemas significativos com que nos deparamos não podem ser solucionados no mesmo nível de pensamento em que estávamos quando os criamos."

Einstein

"Não é porque as coisas são difíceis que não ousamos; é porque não ousamos que as coisas são difíceis."

Sêneca

> "Saber não é o bastante. Ter boa vontade não é o suficiente. Precisamos fazer."
>
> Goethe

As perguntas que alguém faz a si mesmo determina seu estado interno, despertando o poder da solução que existe em cada um.

Para chegar às soluções dos seus problemas, você precisa mudar seu ponto de vista e ampliar sua percepção. Permanecer apegado a velhos padrões de pensamento e emoções é continuar a alimentar o circuito que não está dando certo para você.

Um dos modos de desafiar a própria percepção é se fazer perguntas.

Em última análise, a qualidade da sua vida é a qualidade das perguntas que você se faz. As perguntas que faz direcionam sua mente e podem construir um atalho que o conduz às respostas que procura.

Já foi dito que a realidade não existe como algo absoluto. Aquilo que você reconhece como real reflete o modo como usa sua mente. É como se usasse óculos cujas lentes tivessem características específicas e, ao olhar para o mundo, dependendo da cor, do formato, do estado das lentes, você teria mais, ou menos, nitidez na sua visão. Seu mundo poderia parecer cinza, transparente, cor-de-rosa. Lentes estilhaçadas fariam com que parecesse assim também.

Perguntar é uma forma de redirecionar seu foco e buscar as informações que não estão sendo percebidas através das lentes que está usando.

Pessoas que diante das dificuldades se perguntam "Por que comigo?" se mantêm presas ao papel da vítima. Mas os que mantêm o poder sobre si, não importa o que aconteça, se perguntam: "O que eu posso fazer para reverter essa situação?"

Perguntas são ferramentas que ajudam a transformar a percepção e a mudar o que não está funcionando. Uma pessoa desanimada, sem vontade de viver, pode sentir-se assim em decorrência da interpretação que faz sobre o que está acontecendo em sua vida.

Em vez de ficar falando para si mesmo, ou para outros, o quanto está sem ânimo, como as coisas parecem difíceis etc., você pode mudar seu estado emocional ao se fazer perguntas poderosas.

Substituir a lamentação por perguntas como: Como posso transformar essa situação a meu favor? O que preciso fazer para encontrar mais prazer na minha vida? Que talento especial eu tenho e como posso expressá-lo agora? O que posso fazer para sentir mais energia e entusiasmo agora? O que preciso pensar para me sentir motivado agora?

O poder das perguntas

Diante de dificuldades financeiras, ao se fazer a pergunta da vítima: "Por que isso foi acontecer comigo?", "O que vai ser de mim agora?", tudo o que você faz é se colocar sob o poder das emoções negativas.

Entretanto, se, em vez disso, você perguntar a si mesmo: "O que eu preciso fazer para sanear minhas finanças?", poderá dar o primeiro passo para recuperar a saúde financeira.

Perguntas específicas varrem as desculpas, as justificativas e outros padrões viciados de pensamento que obstruem as respostas positivas que o farão perseverar no caminho das possibilidades.

Quando você se pergunta, por exemplo, qual é a próxima ação para terminar uma tarefa, coloca o foco no seu objetivo. E, assim, neutraliza as justificativas para continuar adiando fazer o que precisa ser feito.

Quem pergunta encontra a resposta

Perguntas são excelentes fontes de motivação.

O simples fato de alguém se perguntar como conseguir alguma coisa já está fortalecendo a idéia de que aquilo é possível. E, como para conseguir o que se quer, é necessário em primeiro lugar acreditar que você pode, perguntas constroem possibilidades.

As perguntas que você se faz podem tirá-lo da depressão ou podem ter o efeito contrário, dependendo do que se perguntar.

Quando a energia estiver baixa e você se sentir tomado por sentimentos de tristeza, desamparo, frustração, faça perguntas que o levem para outro lugar.

Existem muitas maneiras de receber as respostas que se busca. Você pode encontrá-las na página de um livro aberto ao acaso, no desenho das nuvens no céu, na letra de uma canção que ouve no rádio, em uma frase escutada no meio da rua, de infinitas formas.

Ao perguntar algo, fique atento. Antes mesmo de a resposta se manifestar no mundo exterior, ela já se encontra dentro de você. Para entrar em contato com ela, tudo o que precisa é se voltar para dentro, confiar e esperar que a resposta apareça, seja em forma de palavras, de uma cor, de uma sensação ou de uma cena completa.

Exemplo:

Marco foi fazer um *check-up* de rotina antes de sair de férias para uma sonhada viagem à Europa. Descobriu que tinha um aneurisma na aorta que precisava ser operado com urgência. Em menos de uma semana, internou-se para a cirurgia. A operação foi bem-sucedida, mas outras complicações de saúde obrigaram-no a permanecer quatro meses no hospital.

Marco, aos 40 anos, era um homem ativo, praticante de esportes, que detestava ficar parado. Ao saber que ele teria de ficar internado pelo menos quatro meses e depois passar por um longo período de recuperação em casa, sua mulher se preocupou com o estado emocional de Marco e temeu que ele entrasse numa depressão que só agravaria seu quadro geral de saúde.

Marco reagiu de outra forma. Em vez de se lamentar, ele fez a si mesmo perguntas positivas que o levaram a manter a atitude pró-ativa, mesmo na cama do hospital.

Marco se perguntou de que modo poderia aproveitar o tempo que estivesse no hospital para adquirir habilidades que impulsionassem sua vida profissional quando voltasse à vida normal.

Pediu à mulher que trouxesse um *laptop* com acesso à Internet e passou horas e horas pesquisando sobre um novo negócio que pensava em abrir. Como tinha tempo de sobra, fez um plano de negócios cuidadoso e, em *sites* específicos, entrou em contato com possíveis sócios e patrocinadores.

A prospecção do futuro negócio mostrou que se adquirisse fluência no espanhol teria grandes vantagens para negociar no mercado. Fez contato com um professor e passou a ter aulas intensivas diariamente, além de usar a Internet para praticar a língua.

Quando não estava ocupado trabalhando e estudando, seu quarto se enchia de amigos e Marco se alimentava com a energia e o carinho de todos. Estreitou os laços com a família e aproveitou cada momento da sua recuperação.

Ao receber alta do médico para voltar à vida normal, comemorou com a mulher a nova etapa, confessando que, se não fosse o aneurisma e a temporada na cama, dificilmente estaria tendo a oportunidade de abrir o negócio com que havia sonhado toda a vida.

Fazer perguntas para chegar às respostas que se quer é...

▸ Perguntar a si mesmo, tantas vezes quantas forem necessárias, até sentir-se motivado para entrar em ação.

▸ Perguntar-se, antes de dormir, a cada dia: O que aprendi hoje? Qual foi minha contribuição hoje? Qual a minha meta para amanhã?

▸ Saber que a qualidade da vida depende da qualidade das perguntas que você faz a si mesmo.

▸ Formular perguntas que o levem para o território das possibilidades e que tragam informações positivas.

▸ Saber que é a forma direta, objetiva e clara com que formula uma pergunta que produz as melhores respostas.

▸ Direcionar suas perguntas para respostas que mantenham seu poder. Ao buscar respostas que dependem de outras pessoas, você se coloca na dependência de alguém mais.

▸ Concentrar sua mente em uma coisa de cada vez. Estabeleça prioridades e concentre suas perguntas para obter as respostas que o levem a fazer uma única coisa e a concluí-la antes de passar para outra.

- Fazer uma lista de perguntas positivas que levem sua mente até as soluções que procura. É incrível como, ao respondê-las, você pode descobrir o que fazer em todas as situações. Experimente sentar e responder por escrito a questões como: De que forma eu posso usar o que aconteceu para crescer e aprender? Que habilidade eu preciso desenvolver para lidar de forma positiva com essa dificuldade?

- Confiar que as respostas que procura estão disponíveis e acessíveis a você e manter-se aberto para recebê-las.

- Entrar em contato com a essência de cada situação e se perguntar qual o resultado ideal para aquela questão. Então, se fazer perguntas que o levem naquela direção.

- O que outras pessoas que passaram pela mesma situação fizeram para superar suas dificuldades? Como posso expressar meus atributos positivos hoje? Qual a essência do aprendizado a ser obtido com isso? Com o hábito de dirigir sua mente para as soluções por meio de perguntas, você desenvolverá seu próprio arsenal de perguntas poderosas.

Capítulo 11

Obstáculos ou alavancas: quem escolhe é você

"O sucesso não é medido pela posição que alguém alcança na vida, mas, sim, pelos obstáculos que superou enquanto estava a caminho dele."

Booker T. Washington

“A maioria das pessoas deixa passar a oportunidade porque ela chega com roupa de operário e parece trabalho.”

Thomas Edison

"Sucesso não é definitivo, a derrota não é fatal. O que conta é a coragem para continuar."

Winston Churchill

Se fosse feita uma pesquisa com a população da Terra para saber a idéia que cada um faz do melhor dos mundos, certamente, quase todos deixariam de fora os obstáculos.

A maioria das pessoas gostaria que sua vida — e as daqueles que amam — pudesse estar a salvo de dificuldades para que seguisse pela vida sem sobressaltos.

Existe um provérbio antigo que diz: "Um mar tranqüilo nunca fez um bom marinheiro." Assim como o marinheiro adquire maestria em contato com as tempestades, o homem evolui e adquire domínio sobre si ao enfrentar os obstáculos com que se depara.

É preciso reconhecer as oportunidades que chegam sob a aparência de problemas e utilizar os obstáculos como ferramentas de crescimento, em vez de transformá-los em bloqueios paralisantes.

Assim como o diamante puro é encontrado envolto em lama, as melhores chances da sua vida podem surgir na forma de dificuldades.

Obstáculos são mecanismos pelos quais a vida o desafia e o impulsiona ao crescimento. Podem trazer motivação e levá-lo a um novo patamar de realizações.

Não importa como essas barreiras temporárias surgem, elas representam um convite à superação de limites, convidando-o a desenvolver novas habilidades e competências, impulsionando-o para a frente.

Os obstáculos têm tido papel fundamental no progresso da humanidade. A busca da cura para doenças até então incuráveis conduziu a ciência a patamares jamais imaginados. Crises na economia levaram o homem a encontrar novos modelos para gerar riquezas. Ao horror da guerra devemos grande parte do desenvolvimento tecnológico. A ciência e a tecnologia enfrentam o desafio do crescimento e superam obstáculos a cada dia.

Como você lida com obstáculos?

O modo como alguém lida com os obstáculos com que se depara na vida escreve sua história. Se, de um lado, os obstáculos podem diminuir a velocidade com que você alcança suas metas, por outro, podem aumentar a força de vontade e multiplicar o poder de uma pessoa.

Quando confrontado com uma dificuldade, observe a situação e verifique: o que você precisa para se sair bem? Quais ferramentas internas poderão ajudá-lo? Observe que habilidades podem ser desenvolvidas para responder positivamente ao desafio que se apresenta.

Pode ser que seja necessário, por exemplo, exercitar a paciência, a tolerância e a flexibilidade, antes de alcançar a vitória. Ao se esforçar para superar obstáculos, depois de ultrapassá-los, você terá se tornado uma pessoa melhor, com grau mais elevado de inteligência emocional e, portanto, mais apto a vencer desafios.

Mas, ao vestir a fantasia da vítima e sentir-se como um coitadinho, você se desconecta com a possibilidade de transformar o obstáculo em força e passa a projetar fantasias negativas no futuro, tornando-se responsável por atrair para sua vida aquilo que você não quer.

Não importam as circunstâncias externas, existe a possibilidade de escolher e de imaginar que tudo vai dar certo para você. Por que usar o poder da mente contra você se está ao seu alcance visualizar as soluções e alimentar sua mente com estímulos positivos?

Pessoas de sucesso levantam, sacodem a poeira e dão a volta por cima. Em vez de focar nas dificuldades, elas concentram atenção e energia na ação para seguir em frente.

A chave para superar um obstáculo é a confiança.

É preciso acreditar e confiar que para cada problema há pelo menos uma solução disponível. Essa atitude favorece o estado positivo, necessário para perceber as alternativas para se lidar com a situação.

A crença na vitória dirige a mente para a busca de soluções. Como aquilo em que acreditamos determina o que alcançamos na vida; ao acreditar que pode vencer, você está a caminho da vitória.

Autocontrole

O exercício do autocontrole é fundamental, pois a capacidade de gerenciar as próprias emoções é um dos fatores primordiais para a superação de obstáculos. Quem se deixa conduzir por emoções desgovernadas termina por colocar pedras no próprio caminho, tornando pior o que era difícil.

A ansiedade, a angústia e o nervosismo desalinham o sistema nervoso e induzem a pessoa a comportamentos inadequados para lidar com as dificuldades. Atitudes impulsivas, geralmente, provocam efeitos negativos e podem destruir as oportunidades que estão presentes.

Como um estrategista que analisa a situação sem se deixar contaminar por emoções, é preciso tornar-se estrategista da própria vida e adquirir o distanciamento necessário para decidir a melhor maneira de agir.

Adquira uma nova percepção do obstáculo

Diferentes pontos de vista ampliam seu mapa e fazem com que você navegue pelas dificuldades com maior liberdade de opções.

Quando se está envolvido numa situação é mais difícil ter clareza sobre o que está ocorrendo. O distanciamento permite que você mude de posição e se eleve, observando a circunstância sob outra perspectiva. Quanto mais alto estiver, mais abrangente será sua visão para chegar às soluções que procura.

Em vez de seguir por mar quando não tiver um navio, você poderá viajar pela terra ou pelo ar, adequando sua estratégia às condições do momento.

Quando a melhor ação é não fazer nada

Às vezes, a melhor coisa a fazer numa situação é se abster da ação. Os orientais, em sua sabedoria, há milhares de anos já falavam sobre isso. Quando algo impactante acontece na vida de uma pessoa, antes de fazer algo a respeito, a atitude mais sábia pode ser não fazer nada.

Depois de um terremoto, os especialistas alertam a população para que fique em casa e não ande de carro, pois, passado o tremor de terra, as camadas voltam a se acomodar, provocando pequenos e imperceptíveis tremores que podem causar acidentes.

Para superar um obstáculo, pode ser que seja necessário esperar — dar tempo ao tempo — a fim de que as circunstâncias se ajustem e tomem as devidas proporções.

Tanto a precipitação quanto o adiamento complicam a vida. Aguardar o momento propício para entrar em ação sem precipitações é um modo de se recarregar e estar preparado quando for chegada a ocasião para agir.

O foco na solução

Delegar a outras pessoas a solução dos seus problemas é uma estratégia que não funciona. Embora muita gente entre na ilusão de que isso é possível, mais cedo ou mais tarde será preciso pagar a conta em autoestima, autonomia, felicidade e realização.

Cada um é responsável por aquilo que decide fazer.

Faça suas escolhas a partir da sua voz interior, aquela sua parte que está conectada com a sabedoria infinita e que sabe o que é melhor para você.

Nada de ficar lamentando o passado ou de tentar adivinhar o que teria acontecido se... O exercício de autoflagelação que tem início com o "e se..." é uma fórmula quase infalível para entrar num estado de tristeza e depressão.

Se quiser superar obstáculos, descarte o lixo mental e não especule sobre o que já aconteceu nem sobre o que poderia ter sido e que não foi. A única relação possível é com o aqui e agora.

Pessoas focadas em problemas aumentam suas dificuldades porque se esquecem da lei que ensina que tudo aquilo em que nos concentramos tende a aumentar em nossas vidas.

Em vez de se concentrar no problema, coloque sua atenção na resposta. Uma mente voltada para possibilidades tem poder de solução. Ao direcionar seu pensamento, você permite que a inteligência cósmica dentro de você guie sua percepção e, assim, descobrirá como transformar cada obstáculo da sua vida em uma alavanca para levá-lo além dos seus sonhos.

Exemplo:

Marina nasceu nos anos 1950, quando a maioria das meninas era educada para depender financeiramente do pai e, depois, do marido. Apesar de ter se formado em psicologia, nunca exerceu a profissão. Viveu confortavelmente sem imaginar que um dia teria de se preocupar com seu futuro.

Aos 49 anos ficou viúva e descobriu que o marido estava falido e que nos últimos anos vinha vivendo de empréstimos e dívidas renegociadas.

Com a ajuda da família e dos amigos conseguiu sanear as finanças, mas viu-se diante da necessidade de prover sua subsistência. Enquanto suas amigas faziam planos para a aposentadoria, Marina se deu conta de que teria que fazer dinheiro se não quisesse morar de favor na casa de algum parente. Seu único filho morrera num acidente e ela só contava com ela mesma. Passado o choque provocado pela nova realidade da sua vida, Marina decidiu agir. Já não tinha idade para começar uma carreira convencional, mas não se deteve nas dificuldades, fortalecendo sua força em histórias de superação de outros homens e mulheres.

Conversando com amigos, decidiu que isso só seria possível caso empreendesse e se tornasse dona do seu negócio. Precisava agir enquanto tinha saúde e energia. Ela não tinha muita idéia do que fazer, mas sabia que só poderia alcançar seu objetivo se escolhesse uma atividade em que exercitasse seus talentos. Pesquisou e descobriu que o mercado da terceira idade era um dos que mais cresciam, oferecendo ótimas oportunidades para empreendimentos no setor.

Com seus conhecimentos de psicologia, decidiu abrir um centro de convivência para idosos, com serviços variados e uma lojinha que oferecesse produtos especialmente desenhados para as necessidades de quem já passava dos 70 anos. Um amigo ajudou-a a fazer um plano de negócios, orientando-a sobre como planejar e abrir o centro.

Uma amiga de infância achou a idéia boa e entrou na sociedade com um imóvel herdado da família, que ficava numa área comercial de um bairro com grande número de idosos, investindo na adaptação da casa para a terceira idade.

Como era muito bem relacionada, Marina fez parcerias com profissionais de diferentes áreas que trabalhavam com pessoas acima de 60 anos. Oferecia o ponto e os clientes, em troca de um percentual sobre as receitas. Abriu uma empresa que a autorizava a importar e trouxe produtos variados para sua loja. Ela e a amiga trabalharam dez, 12 horas por dia, e conseguiram inaugurar o centro com sucesso.

Hoje, cinco anos depois, o negócio dá lucros e Marina descobriu que trabalhar é a melhor maneira de ocupar o tempo. Aos 54 anos, está pensando em expandir o negócio. Fez um plano de previdência privada e nunca se sentiu tão bem na vida.

Transformar obstáculos em oportunidades é...

- Aceitar as dificuldades naturalmente, recusando-se a vestir a fantasia da vítima. Quando alguém se coloca como vítima, está abrindo mão do papel de agente da própria vida.

- Administrar as próprias emoções para que elas atuem a seu favor. Você faz isso permanecendo num estado de recursos para lidar com as dificuldades que se apresentam. O estado de recursos é aquele em que você acessa suas habilidades e mantém o foco nas possibilidades. Observar a situação com objetividade para escolher a melhor forma de agir diante do problema.

- Perguntar a si mesmo: "Que oportunidade esse obstáculo representa para o meu crescimento?"

- Estar inteiro no momento presente, mantendo a convicção de que não há problemas que não tragam com eles a semente da solução.

- Manter a fé na própria capacidade de superar obstáculos, recusando-se a entregar seu poder para outra pessoa ou situação.

- Reavaliar as suas atitudes e mudar o que não está dando certo para você, sem se deter no que passou nem se preocupar com o futuro.

- Buscar caminhos alternativos para chegar ao seu objetivo. Quando uma pessoa, ou um grupo de pessoas, ou ainda uma situação específica, não contribuem para seu objetivo, mude de estratégia. Você se surpreenderá ao descobrir as infinitas possibilidades que o universo provê para que você possa alcançar seus objetivos.

- Fazer a sua parte, mantendo o pensamento positivo e trabalhando, certo de que o universo atrairá as circunstâncias necessárias para superar todos os obstáculos.

- Receber os obstáculos que surgem no caminho como ferramentas para fortalecer sua determinação e autoconfiança.

- Desenvolver o hábito de se distanciar das emoções usando técnicas. Por exemplo: projete o que estiver vivendo numa tela branca, como se estivesse no cinema, assistindo a um filme em que você é o protagonista. Vendo a si mesmo como se fosse uma outra pessoa, observe o que está ocorrendo com neutralidade e avalie o melhor modo de agir.

Capítulo 12

Poder pessoal

"As pessoas que avançam neste mundo
são as pessoas que acordam e procuram
pelas circunstâncias que elas querem;
e se não as encontram, elas as fazem."

George Bernard Shaw

"Tudo o que você quer ser, você já é.
Tudo o que tem a fazer é mover sua
consciência e reconhecer a
realidade da sua própria alma."

John-Roger

"Não importam os jogos que as pessoas jogam conosco, não devemos jogar jogo algum com nós mesmos."

Ralph Waldo Emerson

De modo geral, associa-se a idéia de poder à habilidade que alguém tem de influir sobre as ações das outras pessoas. Ou ainda, à capacidade de determinar a forma como algo deve ser ou acontecer.

O poder exercido externamente, seja levando exércitos para a guerra, dominando grupos de pessoas ou manipulando nos relacionamentos, é um poder frágil e vulnerável, pois está sujeito às circunstâncias externas e pode ser perdido a qualquer momento.

O poder pessoal, entretanto, não tem limites, pois o conhecimento que se pode ter sobre si mesmo é incomensurável. Ele se fundamenta no potencial ilimitado que existe dentro de cada um e se expande na proporção direta do desenvolvimento da consciência. Enquanto o poder que atua sobre os outros tem medo de ser destituído, o poder pessoal não pode ser perdido, uma vez adquirido por meio do aperfeiçoamento interior.

Assumindo a responsabilidade

Ter poder pessoal é assumir a responsabilidade pela própria vida. Quando você deixa de atribuir a algo ou a alguém a responsabilidade pelo modo como se sente, está tomando posse do seu poder pessoal. O poder pessoal faz com que você se mantenha como sujeito da ação em vez de apenas reagir às circunstâncias externas.

Alguém com poder pessoal não espera que outra pessoa corresponda às suas expectativas, nem coloca a responsabilidade sobre seu bem-estar nas mãos de quem quer que seja.

Isso significa exercer a capacidade de escolha diante dos acontecimentos, bem como a de decidir que atitude tomar diante de qualquer cenário. Implica fazer opções com base na sua verdade, sem deixar que alguém ou algum fato dirija seu comportamento.

O que determina se alguém tem ou não poder pessoal não é algo que possa ser conferido por outra pessoa.

A não ser que se proponha a olhar para dentro e descobrir quem é, verdadeiramente, quais são seus valores fundamentais, suas verdades, encarando seus medos e suas limitações, poderá passar o resto da vida a reboque do que acontecer com você.

O poder pessoal implica no alinhamento de valores e crenças, na capacidade de formular objetivos definidos e de seguir um plano de ação, passo a passo, na direção de sua realização. Significa ter as rédeas da sua vida nas próprias mãos como resultado da atenção, do esforço e da responsabilidade.

Recusando-se a entregar seu poder

Ter poder pessoal é viver a vida sem buscar a aceitação ou aprovação das outras pessoas. É escolher a verdade, o equilíbrio e a coerência, como uma expressão natural do ser.

Se alguém o tratar mal, fizer algo indevido ou decidir romper um relacionamento com você, o poder pessoal o manterá no seu eixo e não permitirá que a atitude do outro arruíne seu bem-estar ou transforme sua vida numa calamidade.

Ao reconhecer o fato de que não é possível controlar nada fora de você e ao escolher sua atitude diante do que lhe acontece, você passa a exercer o controle de si mesmo e determina seu destino.

Em vez de se deixar intimidar ou influenciar pelas crenças de outras pessoas, você aprende a confiar na própria experiência, checando as informações que chegam, sem preconceitos, sem idealizações, expectativas ou ilusões.

E, uma vez percebendo, através da sua experiência, o que funciona na sua vida, a expectativa que outros têm em relação a você perde a importância. Você deixa de viver em função dessas expectativas e vive de acordo com o seu propósito.

Mais do que se preocupar com o que os outros pensam ou falam, sua atenção se volta para a sua verdade interior e para os desejos do seu coração.

Manter a coerência interna e a fidelidade aos próprios ideais implica na capacidade de separar o que é seu do que é do outro, mantendo-se no comando da sua vida.

Transformando a vida

Exercer o poder pessoal é buscar dentro de si mesmo o que precisa para transformar sua vida. Você abandona as ilusões de achar respostas fora de você e mergulha na sabedoria do seu interior.

Passa a atrair, naturalmente, a admiração, o respeito e a confiança dos que estão à sua volta, de pessoas que recebem a energia positiva e saudável irradiada por quem vive de acordo com as próprias escolhas, exercendo com confiança o poder pessoal.

Exemplo:

Antonio, representante comercial de um laboratório, é outro exemplo do que pode acontecer quando alguém abre mão do poder pessoal para entregá-lo a outra pessoa. Depois de alguns anos trabalhando na mesma empresa, Antonio ficou desestimulado com a profissão e começou a pensar em outras carreiras. Aluno do curso de administração de empresas, não conseguia se decidir entre permanecer onde estava e investir na carreira dentro do laboratório ou se lançar em outras aventuras, procurando novas oportunidades de trabalho.

A dúvida o consumia e ele procurou um antigo professor para aconselhá-lo, pois além de mais velho e experiente o professor já o ajudara antes.

Depois de falar sobre sua indecisão entre ficar no laboratório ou procurar outro trabalho, Antonio conheceu o primo de um amigo que tinha passado por uma experiência semelhante. O rapaz lhe contou que trabalhava no departamento de vendas de uma empresa de telefonia e que jogara tudo para o alto para abrir com o fundo de garantia uma franquia de uma loja de conveniência. Antonio ficou animadíssimo para fazer algo parecido e procurou o professor, com quem conversou entusiasmado.

Este deu a maior força para que ele fizesse o que estava querendo e saísse do laboratório. Disse ainda que, a não ser que tomasse uma decisão e se demitisse, Antonio correria o risco de passar os anos sem tomar uma atitude. Empolgado com o momento, Antonio sentiu-se forte e determinado e se desligou do laboratório onde teria um plano de carreira.

No princípio ficou eufórico. Passados os primeiros meses, ele foi conferir o mercado, e à medida que descobria a realidade, percebeu que tinha agido precipitadamente: poderia ter mudado de área sem sair da empresa, pois o laboratório oferecia oportunidades que não tinha percebido antes.

Seis meses depois, desempregado, insatisfeito, atribuía ao conselho do professor a responsabilidade de tê-lo influenciado a pedir demissão. Embora isso fosse verdade, ele aprendeu que a razão do seu descontentamento estava na sua atitude. Antonio entregara seu poder para outra pessoa, permitindo que ela decidisse o que era melhor para ele. E, toda vez que alguém faz isso, escolhe não escolher e se torna responsável por isso.

Antonio aprendeu a lição e, desde então, não caiu mais na tentação de buscar alguém para dar as respostas que precisava dar a si próprio. E passou a estar no comando da própria vida, assumindo seu poder pessoal.

Exemplo:

Fernanda é o tipo de pessoa que perde a cabeça facilmente. Os amigos costumam dizem que ela tem pavio curto, pois basta uma palavra malcompreendida e ela explode. Incontáveis vezes brigou com desconhecidos na rua, no supermercado, no banco, onde quer que se sinta afrontada por alguém. Esse comportamento já custou a Fernanda alguns empregos, namoros e conflitos familiares. O fato é que ela é o tipo que se orgulha de não levar desaforo para casa.

Se alguém faz alguma grosseria, ela responde com outra maior. Não é de admirar que esteja freqüentemente estressada, sem tempo e sem disposição para aproveitar a vida, pois sua energia se esvai em pequenos e grandes conflitos.

Fernanda, entretanto, credita ao temperamento e à origem latina a tendência a sair do sério quando alguém a perturba. Segundo ela conta, seu pai era um espanhol de sangue quente, e a mãe, uma italiana emotiva, que fazia escândalos quando contrariada.

Embora Fernanda tenha crescido vendo os pais agirem assim, ela não precisa manter esse mesmo padrão de comportamento. O problema é que ela não se dá conta de que poderia aprender outra maneira de agir diante das contrariedades naturais da vida. Quando alguém sugere que ela combata o gênio explosivo, Fernanda reage negativamente, pois não acredita ser possível mudar o temperamento de alguém.

O que ela não compreende é que, reagindo ao que as outras pessoas fazem, está abrindo mão do seu poder pessoal para entregá-lo a estranhos. Ao gritar e discutir com um vendedor que não a atendeu na sua vez, ela perde a razão, sai do seu centro e entra na sintonia da raiva, simplesmente permitindo que o jeito como uma outra pessoa a tratou determine o modo como se sente.

Se estivesse no comando da própria vida, Fernanda não tomaria as coisas como uma ofensa pessoal e agiria com discernimento, sem se deixar contaminar por emoções desgastantes e inúteis, como a raiva, o rancor e a irritação.

Ter poder pessoal é...

- Assumir a responsabilidade pelo modo como se sente em relação às outras pessoas, não importa o que elas façam. Porque você sabe que ninguém tem o poder de fazer com que se sinta mal, a não ser que você dê o seu consentimento.

▸ Não esperar que alguém faça por você aquilo que precisa fazer. Quem se coloca numa posição de dependência em relação aos outros, entrega seu poder.

▸ Descobrir o que o faz feliz para buscar sua felicidade sem se importar com a opinião das outras pessoas.

▸ Manter seu ponto de vista numa situação, mesmo que não concordem com você. É saber que, ao se manter fiel à sua verdade, está honrando a si próprio.

▸ Ter coragem para rever suas opiniões e voltar atrás, se concluir que não estava certo. A capacidade de reavaliar as posições que se assume na vida é um dos atributos de quem tem poder pessoal.

▸ Fazer escolhas que apóiam a realização dos seus objetivos e não se desviar da meta. Ter poder pessoal é não cair em tentação diante de prazeres passageiros, mantendo o foco no objetivo.

▸ Escolher seu caminho a partir da sua verdade, em vez de tentar corresponder às expectativas que outros têm de você.

▸ Estabelecer limites e respeitar os limites das outras pessoas.

▸ Aprender com cada experiência e utilizar a lição para seguir em frente, sem perder tempo ou lamentar o que passou. Saber que a única pessoa responsável por sua vida é você. Recomeçar quantas vezes forem necessárias até encontrar seu caminho.

Capítulo 13

Você faz acontecer ou apenas reage ao que acontece?

"Não há sentido em se preocupar com coisas sobre as quais você não tem controle algum. E se você tiver controle, então faça algo a respeito em vez de se preocupar."

Stanley Allyn

"Os sonhos se realizam para aqueles que trabalham enquanto sonham."

Francis Bacon

"É bom você lembrar que nada lhe trará
o sucesso, a não ser você mesmo."

Napoleon Hill

Quando você é agente da sua vida não espera que as coisas aconteçam, faz a vida acontecer. Você cria as experiências que deseja viver e não permite que o que os outros dizem ou fazem determine seus sentimentos ou ações.

Quem age assume o comando da própria vida, promovendo com seus atos as oportunidades de que precisa. Uma pessoa reativa atribui à sorte o que lhe acontece na vida.

Permitir que opiniões e crenças de outras pessoas determinem suas atitudes é viver de forma reativa. Em vez de buscar o que quer, o que faz é abrir mão dos seus sonhos para viver em função das expectativas que os outros têm de você. E cada vez que permite isso acontecer fere a si próprio.

É preciso assumir a responsabilidade pelo seu destino, seguir sua intuição e tomar a frente da sua vida para buscar o que precisa e levar seus projetos adiante. E, desta forma, atrair as pessoas, os lugares e as condições que apóiam a realização dos seus sonhos.

Pessoas que estão constantemente se queixando da vida, se desculpando pelo que fazem ou deixam de fazer, ou ainda se justificando para explicar as causas das suas dificuldades, abrem mão do poder de serem agentes do próprio destino.

O fato é que quem não sabe se posicionar no mundo termina por adotar critérios de outros que, quase sempre, têm pouco a ver com a pessoa que é. Para sentir a energia que vem do seu próprio poder, é preciso se conectar com suas reais necessidades.

Quem manda na sua vida?

Agir é determinar o que você quer e buscar os meios para realizar seus desejos desfrutando a liberdade de ser quem é, sem ter de pedir licença. É se reconhecer como autor da sua história e não permitir que ninguém mais assuma esse papel.

Agir fortalece os músculos da atitude positiva e desenvolve a habilidade de tomar decisões.

Pessoas direcionadas pela ação tornam-se mais fortes, mais seguras, mais preparadas para se lançar no mundo exercendo a liberdade de fazer escolhas.

Uma das conseqüências imediatas de estar no comando da própria vida é o aumento da auto-estima e da autoconfiança.

Reagir em vez de agir faz com que você oscile entre a culpa, a raiva e o medo. É o que acontece quando permite, por exemplo, que o que uma outra pessoa fala a seu respeito ou faz com você dirija seu comportamento.

Uma das maneiras de abrir mão do seu poder é quando você toma uma atitude impulsiva, briga ou se deixa intimidar pela forma como os outros agem à sua volta. Ou quando deixa de fazer o que quer para não desagradar e não ser desaprovado.

Quem não direciona seus comportamentos termina por se ressentir do mundo, da família, dos amigos e do parceiro, como se eles fossem os responsáveis por tudo o que não deu certo na sua vida.

Se, em contrapartida, tiver um comportamento proativo, não importam o cenário econômico, as crises pessoais, a história da sua vida — você sabe que depende de você.

Confia que, ao traçar um objetivo e se colocar em ação, encontrará condições para transformar seus sonhos em realidade. E se não as encontrar, você as fará.

O preço de viver reativamente é a frustração. A não ser que você tome a frente da sua vida e crie as experiências que deseja viver, não descobrirá até onde poderia ter chegado se tivesse tentado. A melhor forma de mudar alguma coisa é ser você a mudança que quer ver em sua vida.

Que ações você pode tomar agora e que terão impacto positivo na sua vida? Você pode se tornar a causa dos efeitos que irão se produzir no seu mundo. Como um agricultor que planta as sementes do que deseja colher. Seja a causa que promove o efeito.

Exemplo:

A história a seguir ilustra o que estamos falando. É sobre um rapaz que diariamente caminhava até a banca da esquina para comprar jornal. Todas as manhãs ele cumprimentava o jornaleiro gentilmente. "Bom dia! Como está o amigo? Por favor, me dê o jornal de hoje." Estendia o dinheiro para pagar o exemplar e antes de se afastar dizia: "Bom trabalho, fique com Deus." O jornaleiro, de mau humor, resmungava: "Vai saindo, idiota. Bom dia só se for para você, que não tem o que fazer."

No dia seguinte, lá ia o rapaz e, novamente, com a mesma gentileza e tranqüilidade pedia o seu jornal: "Bom dia, amigo. Vim buscar o meu jornal." E o jornaleiro irritado: "Que cara chato. Pega o seu jornal e se manda." E o rapaz só saía depois de se despedir: "Muito obrigado e até amanhã. Um bom dia para o senhor."

Assim se repetiam os diálogos a cada manhã. Até que um pipoqueiro que trabalhava na esquina, tendo escutado os diálogos durante alguns meses, não resistiu e pediu permissão ao rapaz para lhe fazer uma pergunta. "Claro", disse o rapaz, "pergunte o que quiser". "Eu só queria saber por que, todos os dias, o senhor vem comprar o jornal, cumprimenta o jornaleiro, deseja-lhe um bom dia. E todos os dias, ao sair com seu jornal, ouve desaforos e é xingado. O senhor não vai tomar uma atitude? Por que tolera isso sem fazer nada?"

E o rapaz, sorrindo tranqüilamente, explica: "Eu faço assim, meu caro, porque não vou permitir que o jornaleiro escolha a maneira como eu quero tratá-lo."

Tornar-se agente da própria vida é...

- Ter em mente que, se não decidir como vai se posicionar na vida para realizar seus objetivos, ninguém o fará por você.

- Manter-se fiel às suas escolhas, mesmo quando o mundo parece ignorar seus planos. Você ganhará autoconfiança e sentirá o poder de escolher ser quem você quer ser.

- Perguntar a si mesmo ao tomar uma decisão: estou escolhendo o modo como realmente quero agir ou estou permitindo que o mundo, ou as outras pessoas, determinem minha atitude?

- Assumir responsabilidade pelo que proporciona real satisfação à sua vida, sem se deixar influenciar pelo que as outras pessoas fazem ou acham.

▸ Colocar em movimento ações que farão diferença na sua vida. Quase sempre o que pode mudar sua vida e levá-lo além dos seus sonhos não são as questões urgentes que demandam uma resposta imediata.

▸ Manter o entusiasmo por meio da automotivação, principalmente, nos momentos de crise. Mesmo se a razão não estiver acompanhando a emoção, simplesmente faça o que tem de ser feito. Ao se colocar em ação, o ato de fazer proporcionará entusiasmo e o manterá em curso.

▸ Agir apesar do medo, consciente de que ninguém acerta sempre, mas que deixar de buscar o que se quer é o maior dos erros.

▸ Tomar decisões com base no que importa para você, sem se preocupar com o que os outros vão pensar.

▸ Não ter medo de mudar de idéia, voltar atrás, redesenhar seus planos quando necessário, mantendo-se fiel a si mesmo.

▸ Acreditar que você constrói sua história a cada momento a partir de suas decisões. E, por isso, fazer as escolhas que o apóiam, ainda que isso signifique se afastar de pessoas e situações que não têm mais a ver com você.

Capítulo 14

Ações microscópicas de alto impacto para mudar a sua vida

"O segredo de chegar é a mudança microscópica."

John-Roger

“Não importa o quão devagar você siga, desde que não pare.”

Confúcio

"Eu ouço e esqueço. Eu vejo e recordo.
Eu faço e compreendo."

Confúcio

Atenção para não ficar à espera do momento e das condições ideais para mudar de vida. É preciso começar com as condições que tiver, no ponto em que se encontrar. Ou estará se enganando, correndo o risco de adiar indefinidamente o momento da largada. Tudo o que é preciso é dar o primeiro passo.

Só a ação tem o poder transformador.

Objetivos definidos, firmeza de propósito, coragem para enfrentar os desafios do caminho são pré-requisitos para o sucesso.

Num mundo que premia ações, não importa se você tem a intenção de fazer algo e vem planejando como fazer isso há muito tempo. A não ser que você *faça agora*, na prática, tudo mais será inútil. Comece dando o primeiro passo e siga em frente.

A verdade é que diplomas, diversão, relacionamentos, viagens, investimentos financeiros, carros, carreiras e tudo que o mundo reconhece como símbolo de poder ou de felicidade são conseqüências das ações microscópicas realizadas com consistência.

As ações de alto impacto para mudar a vida começam com as transformações microscópicas.

Quem já viu uma simulação de imagens do núcleo de um átomo sendo bombardeado por elétrons, ou do mecanismo de defesa do organismo humano combatendo um vírus, ou o desenvolvimento da semente nas profundezas da terra, pode observar o poder da transformação microscópica.

A verdade é que no universo microscópico, imperceptível aos olhos físicos, encontram-se os princípios que regem a vida.

O progresso da humanidade está ligado à compreensão desse universo invisível. Utilizando as leis que o regem você poderá transformar sua realidade.

Um pensamento, uma escolha, a intuição de um caminho a seguir são pontos que desenham e sinalizam esse processo de transformação.

O poder da imaginação

Einstein, o criador da teoria da relatividade, declarou considerar a imaginação mais importante do que o conhecimento, pois é nela que todas as realizações começam.

A imaginação é a chave. Se não puder imaginar e experimentar — ver, ouvir, sentir — que está vivendo a vida que deseja, não conseguirá transformar sua visão em realidade.

É preciso, antes, ter um quadro claro na mente daquilo que se quer. Depois, usar os sentidos para configurar seu *software interno* a fim de produzir os resultados que busca na vida.

Aprendendo com todas as experiências

Uma pessoa só se torna livre para escolher a vida que deseja quando assume a responsabilidade pelo seu destino.

Você pode utilizar todas as suas experiências como combustível para expandir a percepção e fazer diferente, até conseguir os resultados que deseja.

O crescimento interior pode ser avaliado pelos níveis de consciência presentes em cada momento da vida. Quem está consciente do que acontece dentro de si sabe o que deve fazer para transformar sonhos em realidade.

Atitude

Engana-se quem pensa que somente ações grandiosas, que aparecem e são observadas por todos, têm efeito poderoso sobre a vida.

As ações de alto impacto são aquelas que alguém realiza consistentemente, sem levar em conta as emoções do momento, vontade ou qualquer outra motivação que não seja o compromisso de seguir adiante na direção dos seus sonhos.

Ter clareza sobre os próprios valores traz segurança para fazer escolhas. Amor, aceitação, honestidade, coragem, observação, responsabilidade, determinação e criatividade sustentam as atitudes transformadoras.

É preciso sabedoria e humildade para seguir pelo caminho de mudanças microscópicas. Valorizar cada pequena ação, conhecendo sua importância, o manterá em curso para seguir na direção dos seus objetivos.

Exemplo:

Jane chegou aos 40 anos sem concretizar nenhum dos seus variados planos de vida. Como tinha muitos talentos e habilidades, passou a maior parte da vida adulta mudando de uma atividade para outra. Fez o mesmo na vida amorosa, sem se fixar em ninguém, mas buscando algo que nem mesmo ela sabia definir. Jane pensava grande e não se satisfazia com pequenas realizações.

Quando começou a freqüentar uma escola de artes, os professores identificaram nela um talento que poderia transformá-la numa artista, desde que desenvolvesse a técnica e continuasse praticando até encontrar um estilo próprio. Jane tinha pressa; se não conseguisse uma exposição individual numa das melhores galerias da cidade, ou ainda em Nova York ou em Paris, não achava que valeria a pena o investimento de tempo no ateliê.

Enquanto desistia, outros que valorizavam a importância das ações microscópicas prosseguiam até estarem prontos para quando a oportunidade surgir. Quando se deparava com o sucesso de alguns colegas que começaram junto com ela, Jane se ressentia por não ter continuado.

O mesmo aconteceu em outras tentativas de se firmar na vida profissional. Ela não tinha paciência para esperar a colheita nem confiança nos resultados que adviriam se fosse além, dia a dia, passo a passo.

Vivia da renda de um trabalho aqui, outro ali, e de uma mesada que continuava a receber dos pais. Certo dia, com 42 anos, Jane entrou em depressão e terminou por perceber que a fonte de sua insatisfação e angústia era a percepção de que a vida estava correndo e que ela nada tinha feito para transformar seu potencial em realizações concretas.

Jane procurou ajuda e iniciou sessões regulares de psicanálise. Procurou sessões de *coaching* e passou a freqüentar seminários e *workshops* de efetividade pessoal. A partir daí, compreendeu a necessidade de investir nas pequenas ações. Mais do que isso, de realizá-las de forma consistente, até alcançar o objetivo.

Ela desenvolveu a determinação e a perseverança, aprendendo a focar o momento presente sem se preocupar com o resultado final. Uma vez que tinha um objetivo e um plano para concretizá-lo, tudo o que precisava era se concentrar no presente e fazer sua parte.

Jane avaliou o que gostava de fazer, chegou ao seu propósito de vida e estabeleceu os valores que a guiavam. Então, considerando todos os seus talentos, procurou uma atividade que reunisse suas habilidades e preferências e que a motivasse para se manter em ação.

Desta forma, tornou-se uma produtora de eventos culturais, planejando e produzindo exposições, mostras de cinema, espetáculos de teatro, *shows* musicais etc. O tipo de atividade que lhe possibilitava usar o talento artístico, o conhecimento cultural, a habilidade para se relacionar com o público, o dinamismo e a capacidade de liderança e ter uma profissão sem rotina, em que cada projeto representava um novo desafio.

Associou-se a dois amigos e começaram a trabalhar na garagem da casa de um deles. Encaminhou diversos projetos a patrocinadores e não desanimou com a demora ou a dificuldade de obter aprovação. Enquanto os grandes projetos não se viabilizavam, ela fez pequenas exposições com artistas de bairro, produziu uma revista cultural para um centro de artes e foi em frente, até que seu nome e o da firma ganhassem reconhecimento e respeito.

Poucos anos depois, Jane tinha horário nas agendas do departamento de *marketing* das maiores empresas patrocinadoras de arte. Antes de virar a nova década, ela havia se firmado no mercado e sua produtora decolara, do jeito que sonhou. Jane continuou a buscar o crescimento e o progresso nas outras áreas da vida, sem jamais desconsiderar a importância das pequenas ações de alto impacto que mudam tudo.

Uma ação de alto impacto para mudar a vida é...

▸ Dar o primeiro passo na direção de um objetivo, confiando na sua capacidade de atingi-lo. A vontade é a força que impulsiona a ação e mantém a energia em alta durante todo o caminho.

▸ Pôr em prática as ações planejadas. Fazer é a única forma de saber se algo funciona ou não para você.

▸ Não subestimar jamais o poder do esforço contínuo. Mais do que inteligência, dinheiro e talento, o esforço da ação consistente é o que leva à vitória.

▸ Decidir mudar um padrão de comportamento limitante, abrindo-se para novas crenças e novas experiências. Se continuar fazendo o que sempre fez, continuará a produzir os mesmos resultados de antes. Para ter resultados diferentes na vida, é preciso fazer diferente.

▸ Ter clareza sobre aquilo que você quer e comunicar isso às outras pessoas. Só quem se comunica com efetividade consegue estabelecer e manter bons relacionamentos.

▸ Assumir compromissos que poderá cumprir. Romper compromissos abaixa a auto-estima. Antes de se comprometer com você mesmo ou com alguém mais, pense se tem a intenção clara de fazer o que está se propondo. Todas as vezes que se compromete com algo e falha, a mente inconsciente envia uma mensagem que diz que você não é confiável e que não tem capacidade de executar aquilo a que se propõe.

▸ Fazer silêncio dentro de você para ouvir as respostas enviadas ao seu consciente pela sabedoria infinita do seu interior. A mente precisa de descanso tanto quanto o corpo físico.

▸ Não subestimar o poder do hábito. Aristóteles, filósofo grego, já dizia que o homem é aquilo que faz consistentemente. Comece com determinação, persevere e terá implementado um hábito fortalecedor na sua vida. Se, ao contrário, permitir que hábitos negativos comandem seu comportamento, eles arruinarão seus planos e sonhos. Os hábitos são aquilo que fazemos sem pensar, de modo automático. Traga para sua vida hábitos de vitória e se tornará vitorioso.

▸ Usar o que for bom para você e descartar o que não der certo. O que funciona para uma pessoa pode não ser adequado para outra. Cada um tem necessidades diferentes. Evite os julgamentos e fique com o que funciona para você.

▸ Deixar que o amor o guie nas suas ações. Antes de agir ou reagir a qualquer estímulo, pergunte a si próprio qual seria a atitude amorosa naquela situação. Perceba a diferença entre o modo como se sente quando permite que o amor o guie e quando não ouve a voz do amor dentro de você. A única forma de conquistar apoio e lealdade de alguém é através do amor.

- Saber que ninguém é vítima, ninguém é carrasco. A vida é um constante aprendizado. Fique com as lições aprendidas e siga em frente.

- Aprender a diferença entre esperança e expectativa. A esperança está ligada ao otimismo e tem ação positiva na vida. A expectativa, em contrapartida, é uma armadilha. Ter expectativa de que alguém faça algo de certo modo, ou esperar que as coisas se passem de acordo com aquilo que você deseja, é semear frustração. As pessoas são como são, e cada qual vai sempre fazer aquilo que decidir. Tenha esperança de que tudo vai sair bem, mas não crie expectativas sobre aquilo que não tem controle.

- Saber que só se tem controle sobre a própria atitude. Não importa o que acontecer, você tem o poder de escolher como quer lidar com a situação. Essa é a maior liberdade que se tem.

Capítulo 15

O poder do foco no positivo

"Se você acredita naquilo que faz, então não permita que nada o detenha. Muito do melhor que já foi feito neste mundo, foi conseguido apesar de todas as aparentes impossibilidades."

Dale Carnegie

"Nossas aspirações são nossas possibilidades."

Robert Browning

> "Sorte é o que acontece quando a preparação encontra a oportunidade."
>
> *Darrell Royal*

O foco que você coloca no mundo faz com que esse pareça bom ou ameaçador, que você veja a vida como uma seqüência infinita de oportunidades, ou como uma luta constante.

Quando você põe foco em algo, sua percepção ativa filtros internos, e você passa a enxergar no mundo aquilo em que coloca sua atenção.

Se começar a pensar, por exemplo, em tudo o que não deu certo antes, nos momentos de decepção e dor que já viveu, é provável que se sinta desanimado e cheio de dúvidas.

Se, entretanto, você reviver os momentos de felicidade e realização que já experimentou, lembrando suas conquistas, certamente, vai sentir-se animado e cheio de entusiasmo para realizar novos projetos.

Concentrando o foco naquilo que você deseja

O que sua mente está focando neste exato momento? Talvez esteja concentrada no livro que está lendo, talvez não. Pode ser que sua atenção esteja em um outro lugar, em alguma dificuldade, ou que, neste exato momento, você esteja lembrando o que precisa fazer amanhã, pensando na pessoa amada.

Seja como for, o fato é que, se você não direcionar sua atenção conscientemente, não estará utilizando o poder do foco na sua vida.

Aquilo em que você coloca seu foco tende a aumentar em sua vida e afetar a maneira como percebe a realidade. Ou seja: onde você coloca sua atenção é para onde direciona sua energia.

O foco determina sua realidade

Imagine três pessoas que vão a uma mesma festa. Chegam juntas e saem ao mesmo tempo.

Ao perguntar a cada uma delas como foi a festa, a primeira responde que a noite foi de briga e discussões. A segunda conta que a bebida acabou no meio da festa, causando grande estresse. E a terceira afirma que a festa foi maravilhosa, cheia de pessoas lindas e animadas, e que se divertiu imensamente.

A verdade é que, embora as três tenham estado no mesmo local, não estiveram na mesma festa.

A primeira pessoa passou a noite acompanhando uma briga de casal e depois viu duas amigas discutirem no jardim. A segunda ficou na porta da cozinha a noite toda, acompanhando o movimento dos garçons e a discussão entre os empregados, porque uma das bebidas tinha acabado. A terceira ficou no salão, conversou, riu, dançou e fez novos amigos.

Cada qual se concentrou em aspectos diferentes da festa e, por isso, viveram experiências diferentes, embora tenham estado no mesmo lugar.

Experimente sair na rua pensando em trocar de carro. Verá que as ruas nunca parecerão tão cheias de automóveis de diferentes modelos, fabricantes, cores, anúncios de ofertas, promoções e revistas especializadas.

Uma mulher grávida tem a impressão de que, de repente, o mundo parece repleto de grávidas, carrinhos de bebê, lojas de roupas para crianças, livros, revistas e programas infantis.

Atraímos aquilo em que nos concentramos

Pessoas obcecadas por notícias de violência, que não perdem as páginas policiais dos jornais, os programas sensacionalistas na televisão, e que falam de violência o tempo todo, acabam, não raro, atraindo para si a violência com que alimentam suas mentes.

Cuidado com seus medos, pois ao colocar o foco naquilo que teme pode acabar trazendo para si a experiência que desejaria evitar.

Em vez de focar naquilo que não quer, coloque sua atenção naquilo que deseja experimentar. Essa é uma mudança que pode ter grande impacto na sua vida.

Em vez de alimentar a conversa interna que intensifica a dúvida, a indecisão e o medo, substitua o "E se eu não conseguir?" ou "Não vejo saída para esta crise" por "O que eu preciso fazer para mudar esta situação?" A simples mudança no foco das perguntas direciona sua mente e seus recursos em uma ou outra direção.

O hábito de focar no negativo pode ser mudado

A primeira atitude é tornar-se consciente da necessidade de mudar.

Assim como se aprende um hábito negativo, pode-se aprender a adquirir um hábito positivo.

O hábito de focar no negativo acarreta limitações na vida. Pessoas que vêem perigo e risco no mundo não ousam ir em busca de suas realizações.

O foco em problemas e no sofrimento gera expectativas negativas e medo.

A idéia não é ignorar o negativo nem fazer de conta que as dificuldades não existem. Mas colocar o foco nas soluções, em vez de se concentrar na negatividade.

Procure voltar sua atenção para o que existe de bom e de positivo. O hábito de alimentar a mente com informações positivas o ajudará a manter um estado receptivo que atrai boas experiências.

Como mudar o hábito de focar no negativo

A única forma de mudar um hábito não é lutar contra ele, mas substituí-lo por outro.

É um processo gradual que acontece pela repetição.

No início, você precisa manter atenção constante para impedir que o velho padrão assuma o controle. À medida que o tempo passa, o novo hábito toma o lugar do antigo e, uma vez instalado, não será necessário preocupar-se, pois atuará de modo automático.

Cada pessoa escreve sua história de acordo com a luz com que ilumina fatos, sentimentos e experiências que compõem sua vida.

Uma biografia pode ser interpretada de vários ângulos. Dependendo de como você perceber sua história, poderá sentir-se entusiasmado e confiante, ou deprimido e derrotado. Mais uma vez, trata-se de uma questão de interpretação. Por que não utilizar o poder do foco para criar estados de espírito que apóiem o otimismo, a confiança, a alegria e, assim, manter-se motivado para realizar seus sonhos?

Da mesma forma como cada um é responsável por suas escolhas, também é responsável pelo que focaliza na vida.

Uma vez que aquilo a que se dá atenção aumenta, se quiser promover uma expansão de amor, fé, confiança, alegria, paz, otimismo na vida, procure focalizar amor, fé, confiança, alegria e paz em si próprio, nas pessoas e no mundo.

Exemplo:

Lourenço investiu a indenização obtida num programa de demissões espontâneas da empresa em que trabalhava na compra de uma pequena fazenda e de máquinas agrícolas. Nascido e criado no interior do Brasil, ele planejou um negócio de exportação de frutas.

Cercou-se de trabalhadores leais e experientes e calculou o retorno sobre o investimento. Quase na época da colheita, uma geada fora da estação devastou a terra, ocasionando a perda quase total da produção. Lourenço não perdeu tempo lamentando o valor baixo do seguro a receber, ou as dificuldades que teria de encarar para cumprir seus compromissos com financiamentos e juros. Ele colocou o foco no que poderia ser feito naquelas circunstâncias. Como tinha aberto uma firma de importação e exportação, Lourenço fez contato com um parente que vivia em Cingapura e descobriu uma oportunidade para importar material cirúrgico para o Brasil.

Procurou representantes comerciais que trabalhavam como autônomos na área médica e fez parcerias, levando para os médicos opções de produtos de qualidade com preços bem abaixo dos praticados pelos concorrentes. O que começou como uma alternativa para enfrentar dificuldades financeiras se mostrou um negócio lucrativo.

Em poucos anos, sua fazenda se expandiu e Lourenço se tornou um bem-sucedido empresário no ramo de exportação de frutas e importação de instrumentos cirúrgicos.

Se tivesse colocado o foco na crise, sem ampliar suas perspectivas, talvez nem tivesse sobrevivido às dívidas.

O poder do foco lançou-o num patamar de lucros que não teria imaginado em seus melhores sonhos.

Exercitar o foco no positivo é...

▸ Focar nas possibilidades em vez de se concentrar nas limitações. Sempre há uma maneira de virar o jogo, pois enquanto houver vida há chances de vitória.

- Adquirir o hábito de cultivar estados emocionais de poder, que façam com que se sinta entusiasmado para alcançar suas metas.

- Substituir a palavra problema por desafio. Faça isso e observe como se sente. O fato de transformar uma dificuldade em desafio, em vez de achar que está com um problema, atua positivamente sobre sua mente.

- Escolher com cuidado as palavras que usa em relação a você e às outras pessoas muda os resultados que obtém na vida.

- Não se deixar influenciar pelo pessimismo ou pela opinião de terceiros. A única forma de saber se algo funciona ou não é experimentar.

- Transformar uma experiência negativa em aprendizado e seguir em frente sem olhar para trás.

- Diante de uma dificuldade não se concentrar no problema, mas na solução.

- Valorizar suas qualidades e seus talentos, desenvolvendo-os com amor.

- Reconhecer todas as bênçãos da sua vida e sentir-se grato por isso.

- Escolher sua atitude diante do que acontece.

Capítulo 16

Momentos de decisão

"É nos momentos de decisão que
moldamos nossos destinos."

Anthony Robbins

"Num momento de decisão, a melhor coisa
que você pode fazer é a coisa certa.
A pior coisa é não fazer nada."

Theodore Roosevelt

"Uma vez que você toma uma decisão,
o universo conspira para fazer
com que aconteça."

Ralph Waldo Emerson

Estamos constantemente tomando decisões. A cada momento decidimos, conscientes ou não, para onde direcionamos nossa atenção, as opções que fazemos e cada pequeno ato que colocamos em ação.

Embora não seja possível acertar todo o tempo, a capacidade de tomar decisões acertadas é o melhor antídoto contra dificuldades.

O pré-requisito para desenvolver a habilidade de tomar decisões é perder o medo de errar.

Assim como para entrar em forma é necessário praticar uma atividade física com regularidade, o hábito de tomar decisões aumenta o percentual de acertos obtidos.

Uma decisão correta evita erros que poderiam afetar sua vida pessoal e profissional, criando problemas financeiros, amorosos, familiares etc.

Pessoas bem-sucedidas sabem que é preciso decidir todo o tempo, rapidamente e, se possível, acertadamente.

As pequenas decisões fazem a diferença

Aquilo que acontece em sua vida pode ser interpretado como o resultado das decisões que você tomou.

Porém, mais do que as grandes decisões, são as pequenas escolhas que fazem a diferença. Estamos falando das decisões do dia-a-dia que, somadas, produzem alto impacto e geram grandes transformações.

Nem todas as decisões acarretam mudanças significativas. E aquelas aparentemente banais têm o poder de influenciar suas experiências.

Diariamente, você escolhe o que come. Embora essa decisão possa parecer algo menor, infinitamente menos importante do que a escolha de uma carreira profissional, ou de formar uma família, o que você come a cada refeição determina a qualidade da sua vida.

Considerando a saúde pré-requisito para uma boa qualidade de vida e admitindo que esta permitirá ou não que você leve adiante projetos pessoais e profissionais, ao decidir o que irá comer na próxima refeição estará decidindo a vida que deseja ter.

Aprendendo a tomar decisões

Você pode aprender a tomar decisões assim como aprende a desenvolver os músculos numa academia.

Para que isso aconteça, precisa decidir aprender e se dedicar.

Como todos os outros comportamentos, a habilidade de decidir com acerto, agilidade e rapidez pode ser adquirida com a prática e a repetição. Quanto mais decisões tomar, mais estará preparado para decidir com acerto.

As ferramentas básicas para tomar as rédeas do seu destino são três: atenção, esforço e responsabilidade. Incorporar essas ferramentas na vida diária aumentará suas chances de tomar boas decisões, pois sua percepção captará as informações necessárias para decidir.

Algumas decisões envolvem riscos; é preciso avaliá-los e saber o que representam. Às vezes, o risco é se envolver num relacionamento, mudar de carreira, decidir apoiar um amigo com algum tipo de compromisso material, aceitar uma proposta para mudar de país, terminar um casamento, ser reprovado numa prova, ouvir um não, sofrer um acidente, não ser escolhido numa seleção etc.

Pergunte-se, antes de agir, quais seriam as conseqüências da decisão. A melhor decisão é a que é melhor para você e para todos os envolvidos na situação

Tenha clareza sobre suas decisões

Decidir o que é melhor para você é uma das chaves da autoconfiança.

Embora não seja possível ter cem por cento de garantia em relação a nada no mundo, é possível adotar medidas preventivas e evitar que suas decisões produzam resultados indesejados.

Observe, primeiramente, se as suas decisões estão alinhadas aos seus valores. Esse ponto de vista é importante para saber se vale a pena ou não continuar avaliando determinada decisão.

Se perceber que suas decisões não têm cooperado no sentido de transformar a vida naquilo que deseja, a primeira coisa a fazer é tornar consciente a programação inconsciente e mudar crenças limitantes que estejam influenciando suas escolhas.

É preciso ter clareza sobre o que deseja fazer e se comprometer com as ações necessárias para realizar as transformações positivas em sua vida.

Como você decide?

Ao tomar uma decisão, pergunte a si mesmo: como esta escolha irá afetar minha vida e a vida das outras pessoas?

Observe seu processo de tomar decisões. De que forma analisa as escolhas que faz? Ao projetar as conseqüências de uma decisão no futuro, poderá avaliar se é ou não o melhor a fazer.

Anatomia de uma decisão

Existem ferramentas e estratégias que podem orientá-lo na tomada de decisões, assim como as placas de sinalização ajudam o viajante a seguir seu caminho.

Avalie a natureza do problema que pretende solucionar. Toda decisão é uma resposta a uma situação, portanto, observe todos os ângulos.

Não se deixe levar por respostas imediatas e fáceis.

Desafie a si próprio.

Reúna informação. Para fazer uma escolha, é importante ter em mãos a maior quantidade de informação possível.

Evite confundir os sintomas do problema (não ter dinheiro suficiente) com a verdadeira questão (gastar mais do que ganha), por exemplo.

Saiba qual é a questão em foco, onde está o problema e qual é a situação específica a que ele se relaciona em sua vida. Pergunte a si mesmo: qual é o objetivo desta decisão? O que pretendo conseguir com isso? Quais são as prioridades para que isso aconteça?

Observe se a situação demanda uma decisão. Às vezes, a melhor decisão é não fazer nada. Entretanto, cuidado para não adiar ou deixar para lá, simplesmente para não tomar uma decisão difícil ou desagradável.

Considere todas as possibilidades de escolha de que dispõe. Faça uma lista, incluindo as que parecem estranhas ou fora do comum. Use a criatividade para chegar às decisões que podem ser tomadas.

Se você não precisa tomar uma decisão imediata, recorra a livros consulte especialistas, busque conselhos com quem conhece o assunto. Não tenha receio de admitir que você não conhece algo.

Descubra alternativas. Avalie suas escolhas. Reflita sobre as decisões possíveis. Qual delas seria mais adequada, levando-se em conta o momento atual e as circunstâncias de sua vida?

Retire da lista as opções que não levam em conta dados da realidade.

Tenha clareza sobre as conseqüências das suas decisões. Quais são os outros aspectos que a decisão envolve? Quem mais será afetado por ela? De que forma? Como essa decisão irá afetar seus relacionamentos, sua vida profissional e financeira?

Perceba como se sentiria se já tivesse feito sua escolha. E como se sentiria não fazendo a escolha. Trata-se de uma decisão definitiva ou reversível?

O sentido de uma decisão é colocá-la em ação.

Efetive o que decidir pondo-se em movimento. Faça o que for necessário. Comunique a todos que serão afetados pela sua decisão o que irá acontecer e de que modo.

Peça *feedback* e mantenha flexibilidade para ajustar suas escolhas sempre que necessário.

Exemplo:

Juliana tinha dificuldades para tomar decisões. Lia e relia o cardápio dos restaurantes e terminava pedindo algo que não era o que queria comer. Na hora de viajar, ficava em dúvida entre a praia e a montanha; por isso, acabava se deixando convencer pelos amigos, sem tomar uma decisão. Essa insegurança se refletia em sua vida profissional e seu chefe não delegava nada para ela, apenas lhe dava tarefas determinadas, que não envolviam decisões.

Como não se decidia sobre mudar ou não de apartamento, ou sobre que marca de carro comprar, se colocava ou não aparelho nos dentes e sobre tantas outras escolhas das quais a vida dela dependia para andar, Juliana sentia-se presa pelas dúvidas. Seu namorado se cansou de tanta indecisão e terminou o namoro, pois ela não sabia se queria ou não morar com ele.

Foi quando Juliana tomou a primeira decisão para mudar a vida: decidiu decidir. A partir daí, tornou-se mais importante tomar cada decisão do que saber se estava escolhendo a melhor opção.

Em vez de passar horas diante do espelho mudando de roupa, passou a escolher uma, vestir-se e sair logo em seguida. Antes de abrir o cardápio, decidia o que queria comer e escolhia um prato.

Assim foi perdendo o medo de escolher e sentiu-se mais livre e alegre. Habituou-se a avaliar as possíveis escolhas e a se decidir por uma, descartando as outras.

Juliana descobriu que sua dificuldade de tomar decisões estava ligada a uma fantasia de perda, pois ao decidir alguma coisa sentia que perdia todas as outras possibilidades. Para não perdê-las, acabava arriscando perder tudo. Acabava não fazendo escolhas por buscar a perfeição.

Percebeu que poucas decisões são irreversíveis, e mesmo estas precisavam ser feitas, senão o acaso ou as outras pessoas decidiriam por ela.

Passou a ter iniciativa no trabalho, desenvolvendo uma atitude proativa que chamou a atenção do chefe. O sucesso nas pequenas decisões encorajou-a a continuar decidindo e seguindo adiante. Depois de decidir pedir aumento ao chefe e não recebê-lo, ela resolveu retomar os estudos e procurar outro emprego.

Entrou para a faculdade de turismo e foi trabalhar numa agência de viagens onde atua no setor de vendas. Sua capacidade de tomar decisões rápidas foi o que mais pesou quando o dono da empresa a promoveu para gerente de uma nova filial.

Tomar uma decisão acertada é...

- Definir o problema, buscar informações sobre o assunto, identificar as possíveis soluções, desenvolver alternativas e avaliar cada uma delas para escolher a melhor.

- Considerar o bem-estar e as necessidades de todos os envolvidos na questão, tanto no presente, como no futuro.

- Estar consciente de que é responsável por suas escolhas. Ser responsável é correr riscos calculados, sabendo que ninguém acerta todo o tempo.

- Ter clareza sobre o que é melhor para você e para os outros dos pontos de vista físico, mental, emocional e espiritual.

- Não levar as coisas para o lado pessoal. Quem leva tudo para o lado pessoal tem tendência de responder emocionalmente às situações. As pessoas fazem o que fazem por questões que dizem respeito a elas, não a você.

- Quando em dúvida, abster-se. Esse princípio difundido ao longo dos tempos fala sobre as circunstâncias em que a melhor ação é a não ação. Uma vez uma ação posta em movimento, não há como escapar de seus efeitos. Por isso, se não estiver seguro sobre fazer ou não algo, não o faça.

- Confiar na sua intuição e sentir a confiança e o bem-estar que seguem uma decisão acertada.

- Conhecer suas limitações e não permitir que elas influenciem suas decisões. Busque orientação interna e externa até ter convicção da melhor atitude a tomar.

- Não deixar que a opinião e a expectativa dos outros influam em suas decisões, mas fazer as escolhas a partir da sua verdade interior.

- Ter uma atitude positiva e confiar na sua habilidade para decidir o melhor.

Capítulo 17

Observação: a ferramenta da neutralidade

"Existe um modo de a natureza falar, a terra falar. A maior parte do tempo nós simplesmente não temos paciência suficiente, quietude bastante para prestar atenção àquilo que elas contam."

Linda Hogan

“A auto-educação, acredito firmemente, *é* a única espécie de educação que existe.”

Isaac Asimov

"Os desafios da vida não deveriam paralisá-lo, mas ajudá-lo a descobrir quem você é."

Bernice Reagan

Quase todo mundo gostaria de ter à mão uma ferramenta capaz de impedir que situações desagradáveis abalassem seu estado emocional. Algo que funcionasse como uma vacina contra aborrecimentos e eventos negativos.

A boa notícia é que esta ferramenta existe e encontra-se disponível para todos. Chama-se: observação.

Observar é processar informações e decidir o que fazer com elas sem julgá-las. Significa aceitar aquilo que é, sem manipulação ou interpretações pessoais.

Como um astronauta que ao explorar o espaço colhe informações, mas não se detém nem se põe a julgá-las. Ele apenas observa e registra: cores, formas, composição química, temperatura e outros aspectos que se apresentam.

A cola que une uma situação a uma emoção impede a avaliação objetiva e clara do que acontece. À ausência de carga chamamos neutralidade.

Neutralidade é a capacidade de esvaziar um fato de qualquer carga de julgamento.

Permite que, ao observar, você resista à tentação de classificar o que é percebido pelos sentidos. Em vez disso, você adquire distanciamento e altitude e se sobrepõe aos pensamentos preconcebidos.

A neutralidade está na forma como você direciona a sua percepção. É o que acontece internamente quando você se depara com pessoas, fatos e memórias e se posiciona como se estivesse do lado de fora.

Praticando a observação

A observação tem quatro componentes fundamentais. São eles: aceitação, neutralidade, não julgamento e estar presente.

Aceitação é reconhecer o que está presente, sem resistência ou negação. A não ser que você aceite o que está ocorrendo e desista de negar ou de resistir, ficará patinando em círculos sem chegar a lugar algum.

A resistência absorve a energia e aumenta aquilo que não está funcionando para você.

Ao aceitar uma situação, porém, você passa a ter o poder de utilizar toda sua energia para lidar da melhor forma com o que está acontecendo.

Neutralidade é o estado sem emoções nem julgamentos. O mesmo tipo de estado em que você assiste, por exemplo, a uma reportagem na televisão sobre um assunto que não o interessa nem incomoda, sem julgamentos, apenas registrando o que está sendo mostrado.

Você age com neutralidade ao ver uma pedra num jardim, ao pisar na areia da praia, ao olhar o céu, sem achar que a pedra deveria ter outra textura ou tamanho, sem questionar a cor da areia ou, ainda, sem se ressentir por não poder tocar o céu com a ponta dos dedos. Você aceita e lida com a pedra, a areia e o céu como eles são. Sem julgá-los bons ou ruins.

A observação acontece quando se está presente no presente.

Estar presente no presente é permitir que as coisas passem por você sem tentar detê-las ou ter controle sobre elas. No ato de observar, não cabem referências passadas nem preocupações com o futuro.

Ao julgar algo ou alguém, você se coloca na posição de quem detém a verdade sobre algo, o que implica na falsa idéia de que é superior àquilo que está sendo julgado.

Como nossos julgamentos se voltam para nós, eles viciam o processo, impedindo que se perceba o que está presente. Julgamentos rotulam experiências e limitam as possibilidades de usar tudo o que acontece para avançar na direção dos seus objetivos. Não julgar é uma das maneiras de exercitar a neutralidade.

Auto-observação

A auto-observação significa voltar-se para dentro e buscar aquilo que é verdadeiro para você.

Observar é permitir que as coisas passem sem tentar detê-las ou ter controle sobre elas. É aceitar experiências passadas, circunstâncias e comportamentos, sem se confundir com eles.

Ao se observar, você percebe que você não é o seu medo nem sua resistência, tampouco sua auto-imagem construída pelo ego. Percebe que o seu ser é maior e não se confunde com seus comportamentos.

Observar é estar em contato com o que perdura, com o que não tem início nem fim, com o que é seu ser autêntico, que independe de palavras e existe, simultaneamente, em todos os níveis da consciência.

A observação é a chave que abre a compreensão de quem somos, do que nos importa verdadeiramente e do caminho a seguir.

Exemplo:

Ricardo era do tipo impulsivo, que respondia sem pensar ao que falavam ou faziam com ele. Por causa desse temperamento, meteu-se em brigas e chegou a ter problemas com a polícia ao se envolver numa confusão em frente a uma danceteria, quando um desconhecido mexeu com sua mulher.

Na academia onde trabalhava como professor de musculação e coordenador do turno da manhã, Ricardo complicou seu relacionamento com os outros professores por não refletir antes de agir. Os que queriam prejudicá-lo sabiam como fazer: bastava provocá-lo.

Fazendo justiça a seu modo, Ricardo causou problemas familiares e chegou a agredir um professor da escola do filho por achar que ele estava implicando com o garoto.

Depois de um *workshop* de final de semana na academia, descobriu que a observação ajudava a manter o autocontrole.

Aprendeu a reconhecer a luz vermelha quando alguém ou algo estava prestes a acionar seu gatilho. Quando percebia um conflito em andamento, começava a usar sua percepção de outro modo. Conscientemente, passou a se colocar como um observador de si mesmo, registrando o que acontecia à sua volta como se fosse um investigador. Passou a visualizar um vidro grosso entre ele e as pessoas envolvidas na situação. Então, em vez de reagir instantaneamente, sua percepção se elevava e adquiria altitude, passando a ver o que acontecia como alguém observa a cidade do alto de um avião.

Não foi um processo fácil, já que para adquirir a habilidade de se tornar um observador é preciso vontade e exercício.

Valeu a pena. Hoje, não se deixa levar por provocações e mantém a tranqüilidade diante de situações que antes o teriam tirado do eixo. Reduziu o nível de estresse e está utilizando sua energia para investir na família e na profissão.

Observar é...

- Agir como se fosse um extraterrestre em visita ao planeta Terra e se colocar no lugar de um explorador, registrando e percebendo, sem fazer julgamentos.

- Perceber os seus pensamentos sem tentar detê-los. Aceite os sentimentos, as imagens, seja lá o que for. Nada disso é você, deixe tudo fluir simplesmente.

▸ Entrar em contato com seus sentimentos e com suas emoções sem julgá-los. A partir do reconhecimento do que estiver sentindo, poderá mudar seu estado, direcionando seu pensamento e entrando em ação.

▸ Reservar, diariamente, um tempo para estar consigo mesmo. O ideal é fazer isso logo depois de acordar ou antes de dormir, pois nesses momentos o subconsciente está mais acessível, e a mente mais relaxada.

▸ Concentrar a atenção na sua respiração, durante um minuto, três vezes ao dia. Este exercício desenvolve a atenção no aqui e no agora, apoiando sua decisão de estar presente no presente.

▸ Imaginar uma parede de vidro entre você e uma situação que o desequilibra. Imagine que o vidro o separa do conteúdo emocional e permite que veja o que está se passando do lado de fora. Diminua as cores da cena, abaixe o volume do som, afaste-se das sensações ali associadas. Ao se colocar numa posição dissociada, poderá observar e decidir qual a melhor atitude a tomar.

▸ Olhar para dentro e fazer relações de causa e efeito, descobrindo como se desencadeiam suas emoções e como você age diante do estresse, como se estivesse decodificando um jogo.

▸ Conhecer seus processos internos dá a você ferramentas para interferir no modo como eles acontecem e transformá-los.

▸ Ter uma intenção clara e filtrar as fantasias e as ilusões sobre uma situação, para lidar com a realidade.

Capítulo 18

A motivação que vem de dentro

"Se você quiser construir um navio, não
junte pessoas para coletar madeira,
não dê a elas tarefas e trabalho.
Em vez disso, ensine-as a desejar a
imensidão infinita do mar."

Antoine de Saint-Exupéry

"A chave para se manter motivado é olhar
o quanto você já caminhou, em vez
de o quanto ainda tem de caminhar."

Hugh Prather

> "Pessoas efetivas não são voltadas para problemas, mas voltam suas mentes para oportunidades. Elas as alimentam e deixam os problemas morrerem de fome."
>
> *Brian Tracy*

A motivação é o segredo do entusiasmo. É o aditivo que faz da vontade uma força que não se deixa intimidar.

A falta de motivação, no entanto, tem sido a causa de talentos que se perdem, diamantes que permanecem no fundo da terra, em estado bruto, privando o mundo do seu esplendor.

Uma pessoa motivada não abre espaço para pensamentos de derrota, não se deixa desanimar pelo pessimismo nem se influenciar pelo que os outros pensam. Sabe que algo só é impossível até que alguém o torne possível.

A pessoa motivada não se detém diante das dificuldades. Reage ao estresse de uma forma completamente diferente da de uma pessoa, desmotivada.

Situações adversas são encaradas como temporárias e estimulam a pessoa motivada a encontrar respostas aos desafios.

É a motivação que permite que alguém trabalhe horas a fio sem sentir cansaço, que faz com que o atleta persista no treinamento, mesmo com os pés feridos. É o que leva uma pessoa a superar seus limites obstinadamente, como se estivesse sob o efeito de uma substância poderosa e irresistível, transformando o processo de conquista de um objetivo numa aventura maravilhosa.

Em contrapartida, alguém desanimado e descrente do próprio poder pode ter uma noção do seu potencial, mas não encontra forças para fazer algo dele.

O segredo da determinação

Depois de escolher um objetivo e tomar a decisão de entrar em movimento para alcançá-lo, você precisará de determinação para seguir adiante.

Mas, a não ser que esteja determinado a ultrapassar obstáculos, superar dificuldades e prosseguir, correrá o risco de desistir na primeira curva do caminho.

Precisará ter um propósito forte o bastante para manter a determinação de chegar lá, mesmo quando as condições se tornarem adversas. Isso o ajudará a manter um estado físico e emocional favorável às ações que precisa tomar.

A determinação está ligada à motivação e à perseverança de manter o objetivo em mente até conquistá-lo. Não desistir e caminhar passo a passo, com o foco no alvo desejado, é ter perseverança.

Não importa o que as outras pessoas façam ou deixem de fazer, você não depende de estímulos externos para se manter motivado.

Ainda que alguém não cumpra compromissos com os quais você contava para seguir adiante, mesmo que pessoas lhe neguem apoio, que as circunstâncias mudem, ou se tornem hostis aos seus planos, busque a motivação para continuar dentro de você e conseguirá alcançar seu objetivo.

Mantendo a motivação em alta: o entusiasmo que vem do coração

O cientista que persevera em sua pesquisa até descobrir o que procurava participa da evolução da ciência. O artista que não desiste até encontrar a nota perfeita e transformá-la em música, alcança o estado da arte. O empreendedor que supera todas as dificuldades até fazer do seu sonho uma realidade impulsiona o progresso econômico e gera empregos.

Embora seja bom receber apoio, sua força está na própria capacidade de se automotivar. Quem espera estímulo externo para se motivar se coloca numa posição de dependência que enfraquece a vontade. Não importa o que os outros digam; a não ser que o entusiasmo nasça no coração e seja uma expressão da energia interior, a motivação poderá cair no chão a qualquer momento.

A diferença entre procurar no mundo força para seguir em busca do seu objetivo e produzir internamente a motivação é a mesma entre precisar buscar água no rio cada vez que se tem sede e ter uma fonte no próprio terreno, com um sistema que abastece as torneiras nos diversos cômodos da casa.

Andar em boa companhia

Aquele que desiste antes de conseguir, em geral, concentra a mente nas dificuldades e abre espaço para o medo, permitindo que outras pessoas ou circunstâncias o desanimem.

Pessoas que aprendem a se automotivar não andam em companhia de gente derrotista. Mantêm-se afastadas dos que têm o hábito de se lamentar e culpar o mundo pelo que não deu certo na vida.

A pessoa automotivada visualiza a si mesma vencendo, mesmo diante das derrotas temporárias, e acaba vitoriosa no final. Em vez de dar ouvidos àqueles que vêem dificuldade em tudo, busca exemplos de quem superou limites e realizou seus projetos. Escolhe com cuidado o que deixa entrar em sua mente, de leituras a programas de televisão. Recusa-se a ouvir conversas negativas e não permite que sua mente se detenha em comentários pessimistas ou maldosos.

Quem sabe se motivar mantém a energia elevada e constrói sua fórmula de sucesso: única, pessoal e intransferível.

Exemplo:

Quando foi demitido da única empresa em que havia trabalhado na vida, Artur manteve a crença em si mesmo e não se deixou abater pelas dezenas de negativas que ouviu ao se candidatar a novos empregos.

Buscava leituras que o motivavam e procurava estar ao lado de pessoas positivas que acreditavam no poder da vontade, embora sua família e os amigos mais próximos temessem que ele não conseguisse refazer a vida profissional e financeira, pois seu fundo de garantia destinava-se todo a cobrir as despesas principais da família.

Artur era o único que se mantinha confiante, certo de que ficaria melhor do que estava antes. Repetia para si próprio os exemplos de superação de muitas outras pessoas. Aquele não era o primeiro desafio com que se deparava na vida, desde que deixara para trás a pequena cidade do interior onde nascera para trabalhar e estudar à noite, até conseguir se formar em engenharia.

Para manter a moral em alta, caminhava diariamente, lia os jornais todos os dias, procurava enviar *e-mails* e ligava para as empresas em busca de uma oportunidade de trabalho. Durante dez meses nada aconteceu. Com os recursos quase no fim, Artur decidiu não esperar mais. Continuou acompanhando o mercado de trabalho, fazendo contatos, enviando currículos, decidido a não esperar para trazer dinheiro para casa.

Lembrou-se da cidade onde nascera e do artesanato local, famoso em todo o Brasil. Sem comentar nada com ninguém nem com a família, tomou um ônibus e voltou para o Norte. Chegando lá, entrou em contato com os artesãos locais, procurou cooperativas da região e verificou como poderia transformar o trabalho com fibras de coco e de carnaúba em produtos para vender nas capitais e no exterior.

Procurou uma instituição de apoio ao pequeno empresário e foi em frente. Contratou uma estilista em bolsas e acessórios para desenhar os modelos, ajudou os artesãos no planejamento da produção e, assim, tornou-se empresário. Foi tão grande o sucesso das bolsas, dos cintos, dos chapéus e dos acessórios para casa, fabricados no interior, que ele se associou a um conhecido para tocar o negócio. Quatro anos depois, tinha mudado sua vida e saído da comunidade da pobre e pequena cidade onde nascera. A família toda passou a trabalhar no negócio e, hoje, Artur exporta para a França, os Estados Unidos e o Canadá. Comprou um apartamento maior, trocou de carro e é dono do galpão onde funciona sua empresa. Nada disso teria acontecido, se ele tivesse se abatido e perdido a motivação, enquanto os que estavam à sua volta temiam que nunca se recuperasse.

Manter a motivação em alta é...

- Transformar num jogo o que precisa ser feito e se envolver nisso, como se estivesse numa gincana. Use o alarme do celular para marcar o tempo de uma tarefa, crie recompensas para cada meta alcançada, mantenha o foco no resultado final e no que ganhará ao cumprir aquilo que precisa fazer.

- Planejar suas ações, dividindo-as em pequenas tarefas. Se, por exemplo, seu chefe pediu para você fazer determinado trabalho, comece fazendo um planejamento. Escreva os passos necessários para concluir a tarefa e faça isso com entusiasmo.

- Criar um ambiente agradável à sua volta. Em casa ou no trabalho, é fundamental que você possa sentir-se bem e confortável. Procure manter a limpeza e a organização (mesmo que tenha um tipo particular, só seu, de organização). Cerque-se de objetos bonitos, que tragam mensagens positivas. Ter plantas por perto, uma fotografia bonita ou uma almofada com sua cor favorita ajuda a criar uma atmosfera acolhedora e você se sentirá mais disposto.

- Manter seu objetivo final em mente e focar tudo o que ganhará ao realizá-lo. Isso ajudará a vencer os desafios que surgirem no caminho. Procurar pessoas que também estejam comprometidas com a realização pessoal. Esse tipo de companhia estimula a vontade de dar o máximo para alcançar seus objetivos.

- Perguntar a si mesmo quando estiver desanimado e com energia baixa: o que posso pensar ou fazer para me sentir entusiasmado? Um recurso que costuma funcionar é anotar num caderno as ocasiões da sua vida em que se sentiu cheio de energia, vitorioso e entusiasmado. Feche os olhos e reviva esses momentos internamente para recriar um estado emocional positivo. Você pode também dar um mergulho na praia, dançar, tomar um sorvete, fazer algo que o energize para entrar em ação.

- Observar o que pensa, sem brigar com os pensamentos negativos, de preocupação, crítica ou medo. Quando isso acontecer, tudo o que precisa fazer é substituí-los por outros.

- Elaborar uma lista de coisas que o realizam quando faz. O ato de escrever e de registrá-las é um recurso disponível sempre que precisar de motivação.

- Ter na cabeceira da cama livros que fazem você lembrar que pode aquilo que acredita poder, caso precise de uma dose extra de motivação. Podem ser biografias, livros de autoconhecimento, CDs. Procure nas livrarias, na Internet, peça indicações, pesquise.

- Fazer com amor o que tem de ser feito. Ao colocar seu coração naquilo que faz, você sente uma satisfação íntima e incomparável que o energiza para seguir em frente.

Capítulo 19

Você é a única pessoa que pode dar a si mesmo o que deseja

"Eu estive todo o tempo procurando
força e confiança fora de mim,
mas elas só podem vir de dentro.
E estavam lá o tempo todo."

Anna Freud

“Alguns homens vêem as coisas como são e dizem: por quê? Eu sonho com coisas que nunca foram e digo: por que não?”

George Bernard Shaw

"Há algo engraçado sobre a vida: se você se recusar a aceitar qualquer coisa que não seja o melhor, com freqüência o conseguirá."

Somerset Maugham

A idéia de que o seu estado emocional pode ser determinado por outra pessoa é mais uma das ilusões que perpetuam um padrão limitante de vida.

É mais fácil buscar fora de você as causas de como se sente em relação a si próprio do que admitir que ninguém — mas ninguém mesmo — tem o poder de fazer com que você se sinta bem ou mal em relação a qualquer coisa.

Não importa o que digam ou façam, desde que não entregue seu poder para os outros, você terá sempre a escolha de decidir como quer se sentir.

É preciso viver em contato com o seu mundo interior, buscando os caminhos que o realizem, sem querer seguir o roteiro de vida que fizeram para você.

O que ocorre, entretanto, é que milhares de pessoas atravessam suas vidas engessadas nas opiniões alheias, convencidas de que para se tornarem merecedoras de amor precisam corresponder às expectativas da família, dos amigos ou do grupo social. Acreditam que precisam fazer o que se espera deles para merecerem o amor.

Como o desejo fundamental de todo ser humano é ser aceito e ser amado, essas pessoas têm a impressão de que precisam do outro para se completar. E passam a vida buscando uma completude que já têm dentro de si.

Se você não se reconhecer como um ser inteiro, capaz de dar a si próprio aquilo que precisa, não será capaz de honrar quem você é.

Uma das razões que levam alguém a buscar no outro o que já tem dentro de si é a crença de que não possui valor. Ao não se valorizar, busca em outra pessoa aquilo que acredita faltar em si, procurando alguém que o complete, como se fosse um quebra-cabeça faltando peças

Essa busca está relacionada à baixa auto-estima, esse termômetro que mede a maneira como alguém se sente em relação a si mesmo.

O termômetro da auto-estima

A partir das circunstâncias do nascimento, das experiências da infância e dos primeiros relacionamentos com as pessoas importantes da sua vida, você vai formando sua auto-imagem. Esta auto-imagem determina sua auto-estima e se reflete naquilo que você acredita sobre si mesmo e sobre o que pode alcançar na vida.

Se recebeu amor, respeito, reconhecimento da sua individualidade e de suas necessidades, incorporou recursos valiosos para seu processo de crescimento. Mas se, como a maioria das pessoas, sofreu, em maior ou menor grau, violência emocional na infância, rejeição, desrespeito, falta de amor ou de atenção e não teve suas necessidades básicas emocionais atendidas, pode ter crescido sem conseguir perceber o próprio valor. Então atribui os relacionamentos malsucedidos à falta de sorte e ao seu pouco valor, reforçando a crença limitante de que não merece amor.

E sai levando pela vida a crença de que não merece amor. Como os relacionamentos que temos são reflexo do relacionamento com nosso próprio ser, uma baixa auto-estima faz com que a pessoa atraia e se envolva em relações difíceis e insatisfatórias.

Ao buscar incessantemente alguém que ponha um fim no seu desamparo, termina por perpetuar o círculo vicioso da baixa auto-estima.

Com freqüência, o vazio provocado pelo desamor dá origem a diversos comportamentos compulsivos, como alcoolismo, bulimia, anorexia, compulsão de comer, ingestão de drogas químicas, sexo obsessivo e outros padrões autodestrutivos de comportamento.

São pessoas que buscam o amor desesperadamente, sem saber que, antes, é preciso encontrá-lo dentro de si. Sofrem pela falta do amor-próprio, esse sentimento que faz com que alguém reconheça seu valor e aprecie a si mesmo, acolhendo seus sentimentos com aceitação e generosidade.

Um dos sintomas da baixa auto-estima é viver de sonhos, construindo fantasias de príncipes e de princesas encantadas, como uma forma de não entrar em contato com a própria dor.

Os viciados em relacionamentos

Esperar encontrar alguém que o resgate de si mesmo e transforme sua vida é uma forma de construir armadilhas que o mantêm preso à idéia falsa de que as soluções vêm de fora.

Ao acreditar nisso, você projeta nas outras pessoas o que gostaria que elas fossem, sem perceber como elas são, na realidade. E, assim, passa a se relacionar com a imagem que faz de alguém, em vez de perceber a pessoa como ela é.

E, no momento em que se defronta com a realidade, sente-se traído e reforça seus medos, sem perceber que você é quem gerou as próprias decepções ao idealizar seus relacionamentos.

Assim, passa de um relacionamento para outro, procurando alguém que realize sua fantasia e termina fatalmente se decepcionando.

Outros se isolam, como forma de se defender da dor e das desilusões. Tentam esconder de si próprios o desejo de encontrar alguém com quem compartilhar a vida. São pessoas, em geral, que parecem auto-suficientes, como se não estivessem interessadas em relacionamentos amorosos.

O medo de se magoar faz com que se mantenham à parte, sem correr riscos. Nesse jogo, a pessoa se dá por perdida antes mesmo de começar a jogar.

Não importam as justificativas, ou os discursos, elas não se dão conta de que estão se enganando, fingindo não querer o amor que buscam.

Os viciados em relacionamentos e os que os evitam costumam atribuir a culpa dos seus insucessos aos outros.

As outras pessoas são o problema apenas quando você se coloca no papel da vítima.

É mais fácil culpar os outros e atribuir a eles a responsabilidade pelo que lhe acontece do que olhar para o aparente vazio interior e buscar dentro de si o tesouro escondido.

O fato é que apontar culpados e lamentar experiências passadas é apenas mais uma forma de não ser feliz. Quem desejar viver um relacionamento amoroso verdadeiro precisará buscar a verdade no lado de dentro, a partir do coração.

Fazendo a faxina interior

É preciso coragem para olhar para dentro e reconhecer o que esteve guardado tanto tempo. É como fazer uma faxina quando tudo está aparentemente arrumado e limpo.

À medida que vai tirando os móveis do lugar, abrindo gavetas, vasculhando armários, parece que a casa se transforma numa grande confusão. As paredes apresentam manchas, rachaduras, o pó se acumula sob os tapetes, tudo fica fora da ordem.

Da mesma maneira, ao entrar em contato consigo mesmo, surgem o desconforto e a confusão. De repente, vidas que pareciam tão certas parecem perdidas. Todas as coisas ficam fora do lugar e não há alternativa, a não ser prosseguir até que a limpeza esteja concluída.

Encontrando seu verdadeiro ser

Antes de saber o que fazer — e como fazer — para curar sua vida, você terá de examinar tudo o que encontrar nessa busca, que é a do seu verdadeiro ser.

Ao passar pelo processo de auto-aceitação, observando-se sem julgamentos, poderá se dar o primeiro dos presentes que estão por chegar: o acolhimento de quem você é, exatamente da forma como é, sem se negar ou se justificar.

Então, já não precisará encontrar alguém que tome para si a tarefa de cuidar e de se responsabilizar por sua vida. Compreenderá que você é a única pessoa que pode se proporcionar aquilo que desejar. E que a capacidade de satisfazer suas necessidades está dentro de você.

Ao ficar em contato com os seus sentimentos, sem negá-los, aceitando o próprio medo, a vergonha, a culpa, a insegurança e o que quer que encontre dentro do seu coração, perceberá que tudo ao redor se transformará.

Em vez de culpar os outros pelos seus fracassos, reconhecerá que os fracassos não existem, que são apenas resultado do modo como tem vivido. E se dará conta de que a dor é um alerta para quando você está se desviando do caminho.

Aprenderá a usá-la como uma bússola, um instrumento que aponta sempre que estiver na direção errada, permitindo que desenvolva a capacidade de corrigir a rota cada vez que se afastar do alvo.

Verá a si mesmo como um ser inteiro, pleno, capaz de realizar o que quer que seja. Descobrirá que o amor que esteve procurando se encontrava todo o tempo dentro do seu coração.

Exemplo:

Cristiana terminou o colégio e entrou para a faculdade de Letras. Antes de se formar, casou-se e passou a cuidar da casa e dos filhos, que vieram em seguida. Sempre insegura, Cristiana esperava que o marido lhe proporcionasse a sensação de segurança que ela não tinha. Sem perceber que estava se apoiando nas fantasias que criava, acreditava que enquanto estivesse casada com ele não passaria por dificuldades de nenhuma espécie. Dependia da opinião do marido para as mínimas coisas, desde a escolha de um eletrodoméstico novo até o filme a que iriam assistir. Ligava inúmeras vezes por dia para o escritório para consultá-lo sobre todos os assuntos.

Achava natural esperar que a realização e a alegria que buscava viessem do homem com quem escolhera dividir a vida.

Tinha se acostumado a pensar em si mesma como uma mulher sensível e frágil, nem sequer se imaginava como profissional, embora dominasse três línguas estrangeiras.

Quando Bruno voltou de uma viagem de negócios dizendo que queria a separação, Cristiana não acreditou. Recusava-se a conversar sobre o assunto e, ao perceber que não conseguiria evitar que ele saísse de casa, passou a ter crises de pânico e se trancou no quarto.

Era como se tivesse perdido o chão para sempre. Viu-se no meio de uma tempestade, sem ter onde se agarrar, literalmente, como se estivesse sendo arrastada pela correnteza. Sentia-se sem força e buscou ajuda.

O tratamento psiquiátrico e a psicanálise foram o início de um longo processo de recuperação de si própria, até que pudesse perceber que o vazio que sentia estava dentro de si. A carência, a insegurança e a dependência levaram-na a buscar no outro a sensação de bem-estar e segurança que só ela poderia se dar.

Como uma criança que aprende a dar os primeiros passos, Cristiana começou a descobrir quem era realmente o ser que habitava seu rosto, atrás do espelho.

A separação aconteceu e ela precisou administrar a casa e as crianças, tomar decisões por si mesma. O medo de falhar e o medo de ser inadequada foram, aos poucos, sendo substituídos pela determinação de se superar e pelo desejo de dar voz à pessoa que vivera abafada dentro dela.

Seguindo o conselho de amigos, foi trabalhar como professora num curso de línguas, entrou para um clube e passou a freqüentar atividades sociais, começando a estabelecer novos relacionamentos de amizade. Logo, o prazer de se sentir querida superava os momentos de solidão, e ela passou a sair com amigas e a se divertir como nunca tinha feito antes.

Cristiana abriu-se para a vida e passou a aceitar com naturalidade erros e acertos, fortalecendo-se dia a dia, sentindo-se cada vez mais confiante e decidida a não depender de ninguém para se sentir completa.

Em poucos anos, estava irreconhecível. Segura, divertida, confiante, Cristiana se inscreveu como voluntária para trabalhar com mulheres de uma comunidade carente. Passou a dividir com elas suas experiências e a incentivá-las a construir sua independência.

Voltou a casar, mas desta vez com um músico. Sentia-se inteira e plena, consciente de que só ela poderia dar a si tudo o que desejasse. E aprendeu que amar e compartilhar não têm nada a ver com dependência.

Ser inteiro é...

▸ Tomar providências para transformar o que não está funcionando na sua vida sem esperar que alguém mais faça isso por você. Quando assume a liderança da sua vida, você acessa uma força interior que desconhecia e se torna capaz de qualquer coisa que desejar com todo seu coração.

▸ Perceber que a maneira como se sente não tem nada a ver com o que está acontecendo externamente. Alegria, tristeza, entusiasmo e desânimo são estados internos e dependem da forma como você interpreta o que está vivendo. Em qualquer momento da vida, não importa sua idade, sua situação financeira, seu estado de saúde ou contexto familiar, você pode estar em paz e experimentar contentamento. Basta se centrar no aqui e no agora.

► Se recusar a aceitar preconceitos. Pessoas que incorporam crenças limitantes dos outros estão abrindo mão do poder sobre si mesmas.

► Acordar de manhã e abrir a janela agradecendo o dia novo em folha, trazendo novas oportunidades para ser feliz. A natureza traz, a cada instante, lições de felicidade. Sem pressa, sem lamentações, sem medo, sem julgamentos, apenas sendo.

► Parar para observar o que está sentindo e aceitar seu sentimento sem se julgar nem se criticar por isso. Como um ser consciente em constante aprendizado, você pode usar seus sentimentos e suas emoções para aprender mais sobre si mesmo e aplicar esse conhecimento à sua vida.

► Compartilhar suas experiências com outras pessoas ouvindo o que elas têm a dizer e falando a verdade sobre você. Ser capaz de se colocar com honestidade, sem se preocupar com o que irão pensar de você, reflete uma boa auto-estima.

► Entrar num relacionamento amoroso sem esperar que o parceiro preencha seus vazios ou supra suas necessidades. Ao se tornar responsável pela sua vida e por tudo o que lhe acontece, você descobre que amar não rima com depender, e que ninguém tem a responsabilidade de fazer você feliz. Só você pode fazer isso por você.

► Evitar todo tipo de comparações, pois você é um ser único e especial. Em vez de se preocupar com o que os outros estão fazendo, sintonize sua voz interior e ela revelará aquilo que só você pode ser e fazer.

Capítulo **20**

Como lidar com a ansiedade

"A preocupação faz uma sombra grande sobre uma pequena coisa."

Provérbio sueco

"Nossa ansiedade não retira o sofrimento
do amanhã, apenas retira do hoje
toda a sua força."

Charles Spurgeon

“É difícil falhar, mas pior é nunca tentar acertar.”

Theodore Roosevelt

A ansiedade é um rótulo com que se embrulham estados emocionais diferentes que produzem comportamentos semelhantes.

Pode ser descrita como um estado de alerta, que leva alguém à expectativa de algo indefinido e que provoca uma reação defensiva.

É como se a pessoa ficasse à espera de um inimigo oculto, que pudesse atacar a qualquer momento. E, por isso, passa a mobilizar grandes quantidades de energia, na tentativa de controlar alguma coisa que desconhece. Esse estado de alerta, entre outros efeitos, pode acelerar o metabolismo e causar alterações físicas, mentais e emocionais, alimentando o circuito da ansiedade.

A ansiedade está ligada ao medo de que aquilo que se espera não aconteça ou, ao contrário, de que aconteça aquilo que se teme.

Se você faz um roteiro na sua cabeça sobre como algo deve ser, como alguém deve se comportar, de que maneira uma situação deve se desenvolver, termina por produzir a ansiedade na sua vida e gerar frustração.

Mais do que qualquer outro fator, a ansiedade é promovida por uma sensação de insegurança aliada à expectativa de que algo não aconteça conforme se espera. A expectativa é um passaporte para a ansiedade, uma vez que você não tem controle sobre nada, a não ser sobre sua atitude diante dos acontecimentos. Aceitar esse fato é o ponto de partida para neutralizar a ansiedade.

Compreendendo a ansiedade

Uma pessoa com medo de um porão escuro pode imaginar monstros e fantasmas com tanta força que chega a ver e a ouvir o que a imaginação criou. Se, entretanto, acender a luz e iluminar o espaço, descobrirá que tudo não passava de fantasia.

Poderá, então, examinar e decidir o que fazer com os objetos que estiverem lá, fazer uma limpeza, pintar as paredes, trocar os móveis e transformar o porão num espaço agradável para relaxar, ouvir música, ler, receber amigos e manter sua privacidade. Mas, antes, precisará aceitar o medo e confrontá-lo, checando a realidade ao acender a luz.

Para lidar com a ansiedade é preciso compreender o que está acontecendo internamente. Deixar a vida fluir, confiar que o universo é perfeito e que tudo o que acontece é o melhor que poderia acontecer libera a ansiedade.

Ao pensar desta forma, você evita preocupações com o que ainda não aconteceu, já que o desejo de prever o futuro é uma das maiores causas da ansiedade.

Assim como um agricultor não questiona nem briga com o fato de a semente crescer no interior da terra e ter seu tempo para brotar e crescer até a época da colheita, você também pode deixar a vida acontecer.

Sintomas da ansiedade

O ansioso costuma se perder nas emoções, ficando à deriva numa torrente de pensamentos repetitivos. Com isso, sente aumentar a sensação de não ter controle sobre a própria vida e termina por submergir no medo.

Em geral, é alguém que fala demais, transpira excessivamente, tem gestos agitados e tiques nervosos. Ou, ao contrário, contrai-se na imobilidade, deixando de interagir com as outras pessoas e paralisando-se diante dos acontecimentos.

O ansioso em geral apresenta comportamentos compulsivos, como comer demais ou não comer nada. Costuma ser tenso, apresentar dificuldades de concentração, irritabilidade, entre outros sintomas. Isso acontece porque, muitas vezes, a ansiedade anda de mãos dadas com estados emocionais desequilibrados. E a pessoa torna-se responsável por aumentar o próprio desconforto ao se deixar dominar pelo medo e pela insegurança, ficando aprisionada numa rede de dúvidas e incertezas.

Comportamentos que reforçam a ansiedade

Querer apressar os acontecimentos. Ficar se julgando ou se criticando por ações passadas que não podem ser mudadas. Preocupar-se com algo que ainda não aconteceu. Tentar prever o que acontecerá, ou o que alguém vai fazer. Alimentar sentimentos de culpa.

Todos os pensamentos e atitudes de negação do seu próprio poder e de seu valor criam e promovem a ansiedade.

Como transformar a ansiedade

A maneira para lidar com isso é reconhecer o que está presente e aprender a administrar as emoções.

A primeira coisa a fazer é recuperar o poder sobre si mesmo. É preciso ter uma atitude nova diante dos seus velhos padrões de pensamento. Isso permitirá que se coloquem em prática maneiras eficazes de lidar com as causas da ansiedade.

Em vez de se deixar levar pelos pensamentos e pelas emoções que produzem desconforto e inquietação, você pode selecionar os pensamentos e as emoções que desejar alimentar. Ter como lema: se ocupar para não se preocupar.

O melhor a fazer, quando perceber que alguma coisa está fora de lugar, é observar sem julgamentos, apenas tomando consciência do que está acontecendo dentro de você e que efeitos está produzindo sobre suas emoções.

Pode ser que você se depare com o medo de não ser merecedor de amor ou das realizações que busca. Pode ser que o seu medo seja o de não ser capaz de fazer o que precisa ser feito numa determinada área da sua vida.

A vida está constantemente apresentando novas e melhores oportunidades para que você alcance o que deseja. Portanto, se falhou em alguma coisa, se não alcançou os resultados que queria, mantenha seu propósito firme, realize as ações necessárias e chegará lá.

A ansiedade não está no aqui e no agora. Aprenda a ver todas as circunstâncias como ferramentas para criar e experimentar uma vida plena. A única forma de se criar um futuro radiante é viver o presente de forma radiante.

Exemplo:

Hugo era dessas pessoas que conseguem transformar boas notícias e oportunidades em sofrimento. Desde pequeno perdia o sono e se afligia, imaginando que alguma coisa poderia dar errado na sua festa de aniversário. Enquanto seu irmão gêmeo se divertia ajudando a encher balões e enfeitando a mesa, Hugo roía as unhas, duvidando se os amigos iriam se lembrar do horário, se viriam mesmo etc. Na adolescência, transformou-se num garoto bonito que atraía as meninas com facilidade. Mesmo assim, ficava ansioso antes de um encontro e se preocupava com tudo, como se quisesse antecipar problemas e encontrar soluções antes de acontecerem. O mais curioso é que seus temores não se justificavam, pois o que ele temia não acontecia.

No último ano da faculdade, ele começou a fazer entrevistas de trabalho. Dificilmente alguém imaginaria o rapaz inteligente e divertido que parecia tímido e inseguro, ao responder às perguntas que lhe faziam.

A ansiedade se tornara um padrão habitual em sua vida e Hugo começou a comer demais, beber demais, fumar para tentar amenizar a sensação de estar à beira de uma catástrofe. O fato é que ele pensava obsessivamente sobre detalhes e fatos dos quais não tinha controle.

Quando completou 25 anos, estava sofrendo de insônia, dores de cabeça, tinha colesterol alto e estava muito acima do peso. Como acontece em tantos casos, foi preciso chegar ao limite para que ele tomasse uma atitude. Quando procurou uma clínica especializada em distúrbios do sono, os exames constataram que Hugo não relaxava.

O hábito de antecipar problemas impedia que ele vivesse o presente. Era como se sua vida não existisse, já que ele estava adiante do aqui e do agora, num futuro imaginário. Entre outras descobertas, Hugo se deu conta de que se preocupava excessivamente com os outros, mas ignorava a si próprio.

Sua necessidade de agradar fazia com que mantivesse a atenção voltada para fora, sem saber o que importava de fato para ele. Procurou uma terapia e começou a trabalhar os comportamentos que conhecia como ansiedade. Com o apoio de um trabalho corporal e de meditação, aprendeu que o que vinha fazendo pela vida era projetar seu medo nas situações externas.

Passou a se aceitar e a aceitar o fato de que não existem garantias na vida. Descobriu que todas as realizações envolviam algum tipo de risco e que os vencedores eram aqueles que faziam dos erros trampolins para a vitória. Como resultado desse processo, passou a viver os desafios com naturalidade, consciente de que eles são parte da vida.

Hugo adquiriu clareza sobre seus valores, suas qualidades, seus talentos e também sobre suas limitações. O fato de errar não fazia mais com que se sentisse errado, mas, ao contrário, o fortalecia para acertar na próxima vez. Sua auto-estima cresceu, ele passou a viver com mais paz e alegria, para surpresa do gêmeo, que continuava sendo seu melhor amigo.

Neutralizar a ansiedade é...

- Fazer a sua parte da melhor forma possível, em todas as situações. Dê o seu melhor e relaxe.

- Em vez de se preocupar, se ocupar.

- Manter-se vigilante. A observação interna permite que você reconheça quando um padrão antigo e negativo quer se manifestar. Ao perceber o que está se passando, você pode mudar de direção e não permitir que a ansiedade se instale.

- Parar de pensar no que tem de fazer. Dê o primeiro passo e comece. Isso movimentará a energia necessária para continuar até o fim.

- Aceitar o novo com entusiasmo, confiando que você pode lidar com o que quer que aconteça.

- Programar seu dia com atividades que sejam prazerosas e desafiadoras. Aprenda uma língua estrangeira, toque um instrumento, faça atividades físicas, pinte, descubra e desenvolva novos talentos.

- Cuidar da saúde. A atenção com os alimentos que coloca em seu corpo ajuda a cuidar da seleção dos alimentos com que nutre suas emoções e pensamentos.

- Fazer coisas boas para si próprio, ainda que pareçam insignificantes.

- Completar o que iniciou. Sua mente inconsciente fica à espreita dos compromissos ainda não cumpridos. Isso inclui a leitura de um livro, a arrumação da casa, ou qualquer projeto profissional ou pessoal. Se achar que não vale mais a pena, dê a coisa por concluída para que aquilo possa sair da relação de "pendências".

- Buscar informações para avaliar uma situação. O conhecimento das diferentes opções que se tem para lidar com algo aumenta o número de escolhas disponíveis para se sair bem no que quer que seja.

- Aceitar as condições em que se encontra exatamente como elas são assumindo a responsabilidade de fazer o melhor com o que tem agora.

- Confiar na sabedoria infinita do universo. Confiar na vida, sabendo que tudo o que acontece é para o seu Bem maior, ainda que você não possa ver isso num primeiro momento.

Capítulo 21

Desenvolvendo a autoconfiança

"Toda glória vem da ousadia de começar."

Eugene F. Ware

“Ninguém tem o poder de fazer com que você se sinta inferior sem o seu consentimento.”

Eleanor Roosevelt

> "A baixa auto-estima é como dirigir pela vida com o freio de mão puxado."
>
> *Maxwell Maltz*

É interessante observar que um dos maiores obstáculos para o desenvolvimento da autoconfiança está no apego que muitas pessoas têm aos velhos padrões de baixa auto-estima.

Quem tem uma auto-imagem distorcida tende a se desvalorizar constantemente, como se precisasse provar a si mesmo e aos outros seu pouco valor.

Pessoas assim quase sempre têm dificuldade de aceitar elogios. Muitas vezes, recusam oportunidades por não se acreditarem capazes. Costumam ter um sentimento de raiva em relação a si próprias, como se quisessem se castigar por aquilo que acham que deveriam ser e não são.

O que estão fazendo, sem saber, é se programarem para que a vida não dê certo para elas, pois se acostumaram ao sentimento de menos-valia que trazem dentro de si.

A prisão da falta de autoconfiança

Sempre que alguém não acredita no próprio valor e se recusa a olhar para dentro com olhos generosos, lançando luz sobre suas qualidades e sobre o que existe de bom em sua vida, está escolhendo viver como indigente num universo abundante de todo tipo de riquezas.

É interessante observar que pessoas com baixa auto-estima são as que mais exigem de si a perfeição. E como a perfeição não é atingível neste mundo, encontram uma justificativa para não entrar em ação. Pois, já que não podem ser perfeitos, não agem.

Justificativas e desculpas são barreiras que obstruem o caminho para a construção da autoconfiança. O antídoto é fazer o possível, da melhor forma que puder, com aquilo que se tem, a cada momento.

Outro obstáculo para adquirir autoconfiança é o hábito de se comparar com outras pessoas, colocando-se invariavelmente numa posição de desvantagem. Isso gera a idéia de que os outros são melhores do que você e que conseguem fazer o que você não conseguiria, mesmo que tentasse.

A auto-imagem negativa leva a pessoa a se ver menos bonita, menos capaz, menos inteligente, menos tudo o que os outros são, têm e podem fazer de bom.

Se você não se der, realmente, a oportunidade de experimentar fazer diferente, não mudará a forma como vê a si próprio. De quem é a escolha? Sua!

Você pode passar uma vida inteira lamentando situações e experiências passadas, ressentido em relação ao que não recebeu dos pais, da família, da sociedade, ou pode assumir o controle da sua vida e dar a virada.

Talvez você tenha dificuldade para aceitar a idéia de que a autoconfiança é uma decisão. E é. A verdade é que, desde que se disponha a fazer o trabalho necessário, todo mundo pode adquirir confiança em si mesmo. O mais importante no processo de construção da autoconfiança é sua atitude.

A atitude da mudança

Como toda caminhada começa com o primeiro passo, o desenvolvimento da autoconfiança começa no instante em que você se compromete a seguir a viagem do autodescobrimento.

Ao voltar-se para dentro e conhecer quem você é verdadeiramente, compreenderá que pode fazer tudo aquilo que decidir fazer. A atenção com seus processos internos é fundamental, pois lhe permitirá se dar conta de como interpreta o que acontece em sua vida.

Então, em vez de representar uma experiência malsucedida como uma derrota, você passará a se permitir erros e acertos, sem se julgar por alguma coisa que não esteja de acordo com o que achava que deveria ser.

Em vez de detonar sua auto-estima, passará a se fortalecer para agir de modo diferente numa próxima oportunidade. Tudo o que precisa é direcionar o foco para o positivo. Semeando autoconfiança, não há como não colher os frutos do sucesso.

Mude suas crenças

Para que uma transformação seja consistente e duradoura, é preciso que aconteça de dentro para fora.

Cada um escolhe aquilo em que deseja acreditar. Se você não acreditar que a vida oferece oportunidades contínuas para recomeçar, em qualquer ponto que estiver, estará se colocando como refém da sua crença na limitação.

Pessoas inseguras têm a ilusão de que é possível ter garantias na vida. Pessoas autoconfiantes sabem que a única garantia que alguém pode ter é na própria capacidade de lidar e superar o que quer que surja em seu caminho.

Quem tem baixa auto-estima pode se proteger do mundo com o escudo da arrogância e da pretensão. A pessoa parece olhar para o mundo com ar de superioridade, mas permanece paralisada pelo medo de que descubram como se sente verdadeiramente.

A contrapartida dessa falsa sensação de superioridade é o sentimento de ser inferior, que faz com que a pessoa não acredite na possibilidade de ser feliz. O triste é que, ao se manter em posição de defesa, ela se isola e rejeita a experiência de estar com o outro, compartilhando e aprendendo. Esse tipo de comportamento tem a intenção positiva de evitar a dor, mas termina por se tornar a causa do sofrimento que se deseja evitar.

Uma das características das pessoas autoconfiantes é a humildade. Quando você tem consciência de que pode fazer apenas a sua parte e não tem pretensão de ser melhor nem pior do que ninguém, adquire confiança interior.

Exemplo:

Gabriela é filha única e foi educada por pais dominadores que a superprotegeram. Cresceu como a menina boazinha, sempre pronta para atender o que esperavam dela. Quando quis um pouco de autonomia, seus pais entraram em pânico, advertindo-a contra os perigos do mundo. Tudo o que fazia passava pela aprovação da família. Fez vestibular para Direito, mesmo sem ter afinidade com o assunto, seguindo o conselho do pai, que achava que um concurso público seria sua garantia da segurança econômica.

Sem perceber o ressentimento que ia se acumulando dentro de si, Gabriela passou a acreditar que não era capaz de tomar uma decisão sem ajuda. A insegurança prejudicou-a nos relacionamentos em geral. Quando as amigas de sala se inscreveram para uma bolsa de estudos no exterior, não quis tentar, pois morria de medo de ficar longe de casa. Ela não passou em nenhum concurso e aceitou um emprego como secretária de um amigo do pai. Casou-se com o primeiro namorado sério e, aos 33 anos, estava divorciada e infeliz. Seu pai havia morrido e Gabriela não sabia o que fazer da vida. Desde pequena adorava desenhar, e quando um amigo sugeriu que fizesse um curso de desenho industrial, disse que nunca conseguiria viver de *design*.

Quando elogiavam sua beleza — era morena e alta, com olhos e sobrancelhas que destacavam seu rosto —, apontava para o que considerava seus defeitos.

Achava que não tinha sorte, pois nas poucas vezes que tentara fazer alguma coisa diferente, fracassara.

Secretamente, invejava as amigas que tinham tentado outros caminhos e obtiveram sucesso.

Sentia-se prisioneira de si mesma e tinha muito medo de mudar.

Quando seus filhos foram morar com o pai nos Estados Unidos, viu-se sozinha. Pela primeira vez, Gabriela teve vontade de mudar sua vida. Foi ao fundo de si mesma e descobriu os sonhos que eram seus e que nunca tinha permitido que viessem à tona. Com a ajuda de uma amiga, fez uma psicoterapia breve, usou toda a energia para desenvolver a confiança na sua capacidade de se realizar.

Entrou para um curso de artes plásticas e começou a pintar. O prazer de fazer o que gostava despertou seu entusiasmo para cuidar da aparência e passou a mostrar a beleza que durante tanto tempo escondera de si mesma. Com a auto-estima em expansão, mostrou seu trabalho para *marchands* e galerias.

Atualmente, Gabriela está com 40 anos e tem um currículo com exposições coletivas e individuais. Ganha bom dinheiro fazendo o que mais gosta e está namorando um arquiteto que adora seu trabalho e a incentiva a ir sempre além.

Desenvolver a autoconfiança é...

▸ Saber que construir a auto-estima, alçando-a para um patamar elevado, pode levar tempo. Mantenha a determinação, pois não há nada que possa destruir a força da vontade.

▸ Usar a imaginação criativa a seu favor. Experimente agir como se estivesse sentindo-se totalmente autoconfiante. Mesmo que não seja assim, visualize como faria se isso fosse verdade. Então, faça como se fosse. A magia consiste em começar fazendo de conta que se sente de certo modo e acabará sentindo-se verdadeiramente assim. Para o bem ou para o mal, você pode criar os estados emocionais que desejar.

▸ Parar de se preocupar com o que as outras pessoas irão pensar de você. Na maioria das vezes ninguém percebe o que provoca sua angústia e insegurança.

▸ Descartar as perguntas que levam às respostas inúteis, como as que você se faz ao se questionar sobre o modo como agiu no passado. Em vez de se perguntar "Por que fiz tanta besteira?", pergunte-se: "O que aprendi com as minhas experiências passadas?", "De que forma posso aproveitar as lições que aprendi para aumentar minha autoconfiança?"

▸ Aceitar o fato de que não existe unanimidade, e sempre haverá os que gostam e os que não gostam de você.

- Saber que você não é o centro do mundo e as pessoas estão cuidando das suas vidas. Em vez de ficar se preocupando com o que estão pensando a seu respeito, cuide da sua vida e se concentre nos seus projetos.

- Ter cuidado para não se ferir com comentários rudes ou infelizes sobre si mesmo. Observe se é rigoroso com você. Pensamentos e frases como, por exemplo: "Sou um idiota", " Não vou aprender nunca", "Não tenho jeito", "Não dou uma dentro" etc. não ajudam a construir a autoconfiança. Cuide do que você pensa e diz para si mesmo.

- Saber que mesmo os ídolos que você admira nas revistas e na televisão têm seus momentos de insegurança. Quando estiver sentindo-se desencorajado e inseguro, leve em conta que tudo passa. O fato de ter tido uma noite ruim não impede que no dia seguinte recupere a energia e a confiança.

- Investir em você mesmo, estudando, fazendo cursos de especialização, freqüentando grupos de estudo, compartilhando com outras pessoas seus interesses. Inclua em seu orçamento o item crescimento pessoal e se surpreenderá com o retorno.

- Contratar um *personal coach* e dedicar-se ao trabalho. Esse tipo de profissional o ajudará a fazer um planejamento estratégico de novas ações para mudar sua vida.

- Fazer, diariamente, um levantamento de todas as coisas positivas do seu dia. Escreva o que fez de bom, faça uma lista das coisas pelas quais pode estar grato.

Capítulo 22

Você vive em busca de aprovação?

"Quando você se encarrega da sua vida, não há mais necessidade de pedir permissão para as outras pessoas ou para a sociedade. Quando você pede permissão, você dá a alguém o poder sobre sua vida."

Geoffrey Albert

"Somente aquele que corre o risco
de ir longe demais pode descobrir
até onde consegue ir."

T. S. Eliot

> "Você já viu um cavalo infeliz?
> Já conheceu um dia um pássaro triste?
> Uma das razões por que cavalos e pássaros não
> são infelizes é que eles não tentam
> impressionar outros cavalos e pássaros."
>
> *Dale Carnegie*

Da próxima vez que fizer ou deixar de fazer algo, observe e responda: qual é sua real motivação para sua escolha?

Quase todo mundo deseja receber o amor e a aprovação das pessoas à sua volta. Embora isso possa ser bom, a crença de que você precisa de aceitação e aprovação dos outros pode levá-lo a um aprisionamento. E, assim, mantê-lo sob o domínio de vozes externas enquanto sufoca sua própria voz, muitas vezes, sem nem mesmo ouvi-la.

Muitas pessoas deixam de viver vidas que as realizariam, por serem dependentes da opinião alheia. Deixam de fazer escolhas que fariam, caso se sentissem aceitas nas suas opções.

Embora você possa se sentir acolhido e gratificado ao experimentar aprovação, você não depende dela para buscar sua auto-realização. Ao contrário, ao se colocar numa posição de dependência da opinião alheia, corre o risco de viver uma vida que não é a sua.

A verdade é que ninguém tem necessidade vital de aprovação para ser feliz.

Os grandes artistas, pensadores e cientistas foram aqueles que ousaram dar um passo além, rompendo com o estabelecido para propor uma nova ordem, seja estética, filosófica ou científica.

Quase todos, num primeiro momento, viram-se rechaçados e incompreendidos, pois há uma tendência natural de se rejeitar o novo e continuar cultivando os velhos paradigmas. Depois, foram alçados à galeria dos gênios e exemplos para a humanidade.

São as pessoas comprometidas com sua verdade interior que, através de suas obras, levam a civilização a dar um passo adiante.

Não é preciso ser artista ou revolucionário para seguir o próprio caminho, sem medo das críticas ou da rejeição. Querer agradar os outros, desagradando a si próprio, é uma forma de abrir mão da sua identidade.

Aprovando a si próprio

O resultado de abrir mão daquilo que você realmente deseja é a frustração. Ninguém consegue agradar sempre. Quem pretende ser aceito de maneira irrestrita e obter aprovação de todos está alimentando um desejo infantil.

Não importam as aparências, não é possível viver bem quando você se afasta dos seus valores fundamentais, aqueles que realmente importam para sua felicidade. Valores são bússolas internas que apontam para o Norte, indicam o caminho, pois contêm a essência do que o faz feliz.

Interrompendo o padrão

Como fazer para interromper esse padrão de comportamento que suga energia?

A primeira atitude a tomar é adquirir consciência sobre a verdadeira motivação de cada uma das suas ações. Ninguém poderá viver suas experiências por você. Por que entregar seu poder buscando a aprovação do outro?

Ao se libertar da dependência da aceitação e da aprovação das outras pessoas, você retoma a quantidade de energia que estava comprometida em agradar, impressionar, manter uma imagem. Passa a ouvir a voz do seu coração que está conectada à inteligência infinita do universo e o apóia a seguir na direção dos seus objetivos.

É preciso usar sua percepção e ser honesto consigo mesmo, a fim de perceber se está agindo a partir do seu verdadeiro eu ou se está se deixando levar pelo impulso de agradar o outro.

Observe os pensamentos que ocorrem quando está decidindo fazer algo. Qual é o seu diálogo interno, aquela conversinha que acontece dentro de você?

Experimente dizer sim, dizer não, ousar, seguir sua intuição e seu caminho, mesmo correndo o risco de desagradar, de ser criticado ou rejeitado pelas pessoas que não suportarem que você seja assim.

Com determinação e atenção, você poderá retomar o comando de si mesmo e impedir que o subconsciente entre com a velha programação.

Seja a pessoa que sempre quis ser

Há sentido em agradar o outro desagradando a pessoa mais importante da sua vida: você? Parece óbvio que a resposta é não. Para se libertar dessa falsa necessidade é necessário aprender a diferença entre preferir e precisar de algo. Como um ser adulto, você precisa aprovar a si próprio para construir sua felicidade.

As suas escolhas serão tanto melhores quanto mais o apoiarem a seguir na direção dos seus objetivos. Cada ação que você promove é a semente dos resultados que colherá na vida.

Ao ser quem é, vivendo suas experiências e escolhendo o que dá certo, você se mantém à margem da armadilha da busca de aprovação e de aceitação. E quando não está à procura de aprovação, pode buscar aquilo que realmente deseja, sem medo de fracassar.

Ninguém perde aquilo que não tem

Enquanto dirigir sua vida na busca da sensação de sentir-se amado, se perderá de quem é e não terá energia e tempo para realizar seu propósito de vida. Quanto mais você lutar para obter amor e aprovação, menos terá. As pessoas sentem atração por quem tem boa auto-estima e não parece estar em busca de curativos para suas carências.

À medida que o seu amor-próprio cresce, você adquire a capacidade de expandir o amor para as outras pessoas e o seu verdadeiro Eu brilha naturalmente.

Ninguém perde aquilo que não tem. Portanto, agradeça ao universo e a si próprio a oportunidade de saber quem são as pessoas que o respeitam e que gostam de você, independentemente do que está fazendo para agradá-las ou não.

O amor que impõe condições, exige e restringe não é amor. Amar é querer a felicidade de quem se ama.

Um amigo é alguém que torce pela sua felicidade, mesmo que o seu modo de ser feliz seja diferente do modo dele.

Se você torna alguém importante na sua vida, é fundamental que essa pessoa reconheça sua liberdade de ser. Não há nada melhor do que ser a pessoa que você é, com sua história e circunstâncias.

Você saberá que as pessoas que permanecem ao seu lado o apreciam por ser quem é, com suas qualidades e suas limitações.

O seu primeiro compromisso é com você

Mesmo correndo o risco de desagradar, de ser criticado ou rejeitado, siga em frente. Abrir mão da auto-realização é abrir mão da oportunidade de construir sua felicidade, do seu jeito, no seu tempo, seja ela qual for.

Ao deixar de buscar a aprovação dos outros, você entra em sintonia com os seus critérios internos. A autoconfiança que se irradia dessa atitude atrai as pessoas para junto de você.

Seus relacionamentos passam a refletir essa segurança interior e se tornam mais significativos, maduros e verdadeiros. Isso acontece porque sua vida passa a ser direcionada a partir do seu desejo, em vez de ser dirigida pelas expectativas dos outros.

Quando está centrado, vivendo a partir da própria essência, independentemente do que os outros possam pensar, você se torna capaz de atrair o amor que deseja. Sem medo ou carência, sem precisar provar nada — apenas deixando brilhar a luz que existe em você.

Exemplo:

Depois de chegar de Portugal, seu Joaquim e dona Almerinda se instalaram em uma pequena chácara nos arredores de Florianópolis e, lá, criaram seus oito filhos. Quando Olívia, a filha caçula, entrou para o ensino fundamental, tinha aprendido que era preciso agradar aos pais para conseguir o que queria. Seu Joaquim recompensava Olívia com doces, quando ela voltava da missa diária — que freqüentava por vontade dos pais. Quando saía para comprar roupas, dona Almerinda não permitia que ela escolhesse nada que pudesse chamar a atenção, para que não ficasse falada na vizinhança. Olívia se tornou uma adolescente insegura e preocupada em agradar aos outros. Pedia opinião sobre tudo e era incapaz de fazer escolhas que não tivessem a aprovação das amigas. Qualquer crítica tinha efeito devastador sobre ela. Chegou a terminar com o primeiro namorado porque as amigas falaram mal dele. Mais tarde, foi trabalhar na loja de material de construção de um tio, porque era isso o que seus pais esperavam dela. Embora adorasse dançar, só conseguia se soltar trancada no quarto, pois tinha medo dos comentários.

Todos os domingos almoçava com a família, ainda que preferisse fazer um programa com os amigos. Casou-se com um bom rapaz e tornou-se uma dona-de-casa exemplar. Tudo o que fazia parecia sensato e admirável.

Por dentro, Olívia sentia um vazio que aumentava a cada dia. Era como se estivesse levando uma vida que não fosse a dela. Não adiantara tentar se enganar e colocar uma tampa nos desejos que pareciam ter ficado esquecidos.

Aos 36 anos Olívia parecia ter desistido de tudo. Saiu do emprego na loja, deixou de cuidar da casa e dos filhos e parecia indiferente ao que acontecia à sua volta. Passaram-se alguns meses e a depressão só piorava. Foi sua filha adolescente que a sugeriu passar uma temporada no Rio de Janeiro, na casa de uns primos distantes. O marido permitiu que ela fosse, desde que acompanhada da filha.

Longe da família, livre de amarras, Olívia encontrou um ambiente completamente diferente do que conhecia. A casa dos primos vivia cheia de amigos, e cada qual parecia fazer o que queria. Havia poucas regras e muita alegria naquele mundo. Durante o tempo em que ficou lá, Olívia encontrou apoio e pôde conversar como nunca tinha feito. Decidida a mudar a vida e a fazer, em primeiro lugar, o que a agradava, propôs ao marido que mudassem de cidade. Queria viver sem as amarras do passado.

Aos poucos, começou a exercitar sua individualidade, a se perguntar o que queria, em vez de querer atender o que os outros queriam que ela fizesse. Descobriu interesses e habilidades que desconhecia. Começou a fazer aulas de flamenco e de tango, e o marido se surpreendeu positivamente com a nova mulher em que ela se transformava.

Com certeza, Olívia teve sorte, pois seu marido e seus filhos a apoiaram. Não é preciso ir tão longe para perceber que você tem sua vida para viver e é preciso vivê-la de acordo com aquilo que faz sentido para você.

Acabar com a necessidade de buscar aceitação e aprovação das outras pessoas é...

- Perguntar a si próprio antes de agir: a quem estou querendo agradar? O que me leva a fazer esta escolha? Esta ação está me levando na direção daquilo que quero para mim? As respostas mostrarão se está agindo a partir do seu verdadeiro desejo ou se está agindo para agradar os outros e obter sua aprovação.

- Desenvolver a iniciativa de buscar seus objetivos, independentemente da opinião dos outros.

- Lembrar-se de que você é a única pessoa que se responsabilizará por suas escolhas.

- Dar-se conta de que se A ou B (coloque aqui quantos nomes desejar) não aprovarem sua escolha, não há nada de terrível nisso.

- Saber que nunca, por mais que tentasse, alguém conseguiria obter cem por cento de aprovação. Pense nisso e relaxe. Você é livre para fazer do seu modo.

- Ter consciência de que a única maneira de alguém se sentir amado é amar a si mesmo. Se não conseguir se amar, não poderá acreditar que alguém o ame verdadeiramente.

- Seguir em frente, desde que não esteja ferindo a si mesmo ou a quem quer que seja. Interromper a caminhada para se preocupar com o que os outros vão pensar é se distrair da sua meta.

- Seguir sua intuição e seu caminho, sem se deter para ouvir críticas ou julgamentos.

- Perceber quando está no modo automático, sem se dar conta de que quem está agindo não é você, mas o desejo de aceitação e aprovação.

- Entrar em contato com as causas da sua baixa auto-estima para curar o que precisa ser curado.

- Reconhecer quando sua criança interior se expressa por meio de emoções antigas que não têm nada a ver com quem você é agora. Dê atenção ao que ela pede e valide seus sentimentos, dando você mesmo o amor que sua criança está pedindo.

Capítulo 23

Transformando emoções negativas

"Não pode haver transformação das trevas em luz e da apatia em movimento, sem emoção."

Carl Gustav Jung

"Você ganha força, coragem e confiança
em cada experiência na qual realmente
pára e olha cara a cara o medo e faz
aquilo que pensa que não pode fazer."

Eleanor Roosevelt

> "A frustração e o sofrimento conduzem a uma profunda compreensão de nós mesmos e à compreensão de que não há jeito de escapar à dor senão passando através dela e além dela."
>
> *Tarthang Tulku*

A função de uma emoção negativa é chamar a atenção para algo que está sendo ignorado. Por isso, podemos dizer que toda emoção negativa tem uma intenção positiva: chamar a atenção para algum aspecto da vida da pessoa que não está sendo considerado de forma adequada.

Embora a raiva, o ressentimento, a rejeição, o medo e a tristeza provoquem sofrimento e desconforto, ainda assim, é possível ser positivo para lidar com emoções negativas.

Manter o foco positivo não significa resistir às emoções, ou fazer de conta que nada está acontecendo. Ao reconhecer a verdade do que está sentindo, você pode se colocar com honestidade, expressando a emoção que estiver presente, sem se ferir ou ferir os outros, o que acaba acontecendo quando alguém reprime ou nega uma emoção negativa.

Muitas pessoas, ao sentirem emoções negativas, sentem culpa e se julgam, porque acreditam que deveriam corresponder à imagem idealizada da pessoa que gostariam de ser. O julgamento e a culpa, entretanto, aumentam a emoção, aprisionando a pessoa.

Emoções fazem parte da vida e precisam ser recebidas com naturalidade. Raiva, culpa, ressentimento e medo podem se transformar em entusiasmo, alegria, perdão e coragem.

O processo de transformação de uma emoção negativa requer a habilidade para expressá-la adequadamente. O melhor de uma emoção negativa é que ela traz a orientação necessária para resolver o que não está bem com você.

A raiva pode ser um sinal de que você está guardando ressentimento contra alguém, alimentando o rancor secretamente, enquanto faz de conta que tudo está bem e nega seu sentimento. Para liberar a raiva, nesse caso, por exemplo, você precisa expressar o que sente e resolver o que o incomoda junto com a pessoa com a qual está ressentido.

Muitas vezes, a culpa aparece porque você não está sabendo lidar com um conflito interno. Isso ocorre quando uma parte sua deseja uma coisa, mas é tolhida por outra parte sua, que quer outra. Descobrir qual é a intenção positiva de cada uma das partes e chegar a um modo de satisfazer a intenção positiva das duas ajudará a solucionar a culpa.

Isso ocorre, por exemplo, quando alguém sabe que precisa fazer dieta para cuidar da saúde, mas não resiste aos doces e a outras calorias, comendo o tempo todo. A intenção positiva da parte que se propõe a seguir a dieta é ter saúde, já a intenção positiva da parte que come todo tipo de guloseimas é ter prazer e aliviar a tensão. Qual a maneira de satisfazer ambas as partes?

Seguir uma dieta saudável e fazer uma alimentação a partir de receitas gostosas com baixas calorias, além de incluir no seu dia-a-dia atividades prazerosas e que o ajudem a reduzir o estresse. Dançar, andar de bicicleta, caminhar, pintar e cantar são algumas opções de atividades que proporcionam prazer e que não estão associadas à comida.

Conhecer o propósito de uma emoção negativa é o primeiro passo para mudar o que se está sentindo.

O que resiste, persiste

Pela própria natureza humana, somos vulneráveis à negatividade que pode se expressar de diferentes maneiras.

Resistir às emoções negativas equivale a fortalecê-las, pois ao resistir a algo, o que você faz é dar mais energia àquilo a que resiste. Para neutralizar uma emoção negativa e transformá-la em outra, positiva, é preciso passar pelo reconhecimento da negatividade.

Como lidar com emoções negativas

Observe o que você pensa, como se sente, de que maneira costuma agir diante das emoções negativas. O que costuma despertar em você esse tipo de sentimento? Pode ser que algo que alguém faça ou diga que desencadeie em você uma sensação intensa e desagradável. Ou pode ser que a origem esteja num processo interno resultante do que chamamos de diálogo interior, aquela conversa interminável que acontece dentro da sua cabeça.

Talvez você consiga identificar assuntos que o levam a sentir uma emoção negativa e os comportamentos que costuma expressar nessas ocasiões. Quanto mais você souber a respeito de seus processos internos, melhor poderá conduzi-los conscientemente e impedir que as emoções o dominem.

A ferramenta fundamental para transformar emoções negativas chama-se autocontrole. É a habilidade de escolher suas atitudes em vez de reagir impulsivamente, ainda que pessoas ou situações apertem os "botões" das emoções negativas.

O autocontrole não é apenas a capacidade de controlar seu comportamento nem está relacionado com uma atitude externa: tem a ver com a habilidade de escolher a atitude interna para se defrontar com o que quer que aconteça.

Uma pessoa que tem autocontrole pode sentir raiva e medo, mas não permite que uma emoção a direcione. O autocontrole permite que você tenha clareza para aceitar, compreender e negociar com as suas emoções, para que elas trabalhem a seu favor.

Transformando emoções negativas

Ao adotar uma atitude positiva diante do que é negativo, você transforma a negatividade. Sente a emoção que o incomoda, mas a utiliza como combustível para subir a um outro nível, de mais positividade.

Isso pode acontecer fisicamente, por exemplo, quando a raiva é transformada em energia física para correr, fazer faxina, arrumar papéis e dedicar-se a atividades que envolvem a participação do corpo. A angústia pode ser transformada em solidariedade, se você a utilizar para se engajar num trabalho voluntário e ajudar a diminuir o sofrimento do próximo.

Não importa a emoção, existem alternativas para transformá-la em ações positivas. Tanto para você como para as outras pessoas.

Dissociando-se: a ferramenta do distanciamento

Você pode aprender a utilizar seu cérebro para mudar o circuito de uma emoção negativa dentro de você. Uma das técnicas para fazer isso é o que chamamos de dissociação. Tem a ver com estar distanciado das próprias emoções. Isso permite que você se veja e se observe como se fosse uma outra pessoa, assim como fazemos quando observamos o comportamento de um personagem num filme ou em um livro, por exemplo.

Dizemos que alguém está dissociado quando não se envolve nas emoções presentes em dada situação.

Um terapeuta, por exemplo, se for um bom profissional, não pode associar suas emoções quando trata um paciente. Ele precisa ter pleno domínio de si mesmo para manter a neutralidade necessária para ajudar o paciente. Isso seria impossível, caso se deixasse envolver pelas emoções do paciente.

Como tudo na vida, estar dissociado não é bom nem ruim, depende do contexto. Para lidar com emoções negativas, a dissociação contribui para que se alcance a neutralidade. De um ponto de vista neutro, você poderá observar o que está sentindo e chegará mais facilmente à compreensão da emoção que estiver presente.

Usando a imaginação criativa

Imagine-se sentado num cinema. Feche os olhos, respire e sinta a cadeira confortável. Visualize uma tela branca à sua frente. Veja a si mesmo sentado na sala assistindo à projeção desse filme do qual é protagonista. Veja como as emoções atuam em você, acompanhe seu comportamento, seu pensamento, como se estivesse vendo um filme. Isso permitirá que perceba como permite que uma emoção negativa influencie seu comportamento.

Se não gostar do que estiver sendo projetado, mude o roteiro, a direção, a iluminação da cena. Transforme o personagem, faça com que ele aja de maneira diferente. Veja a si mesmo agindo como gostaria de agir. Você é o roteirista e o diretor do filme e poderá mudá-lo quantas vezes desejar. Faça isso até ficar satisfeito. O filme é seu.

Esse recurso da imaginação criativa pode ser utilizado para lidar com emoções negativas com sucesso. Ao se ver fazendo, falando e sentindo o que gostaria de fazer, falar e sentir, você aciona processos internos diferentes para lidar com emoções que costumam tirá-lo do seu centro.

A limpeza através da escrita

Experimente sentar e pôr para fora, no papel, tudo o que estiver sentindo. Escreva sem parar para pensar, sem analisar, sem se preocupar com as palavras ou com a forma como escreve. Simplesmente deixe sair. A idéia é liberar as emoções como elas vêm. Você só precisa de um lugar onde ninguém o incomode, papel e lápis na mão.

Não traga o lixo para dentro novamente. Depois de lançar tudo no papel, é fundamental que não leia, de forma alguma, sob nenhum pretexto, o que tiver escrito. Queime o papel ou jogue fora, mas não se prenda a nada do que estiver lá. Se ler o que foi liberado, estará absorvendo novamente a negatividade. O que é pior: de forma mais intensa.

Use esse método apenas se estiver comprometido em não ler o que foi escrito!

Quem escolhe é você

Existem diversos métodos, diversas técnicas e formas de trabalhar a partir de uma emoção negativa. Nenhuma delas é melhor do que a outra. Algumas podem funcionar para você, outras, não.

Faça mais o que funciona e menos o que não funciona.

Exemplo:

Bete, uma fisioterapeuta de 26 anos, formou-se cedo e logo passou a trabalhar num hospital e em uma clínica particular para ajudar em casa, pois o pai vivia desempregado e a mãe vendia doces. As dificuldades pelas quais passou para estudar e a necessidade de contribuir para o sustento da família fizeram com que negasse seu sonho de se formar em Medicina e morar numa cidade pequena, numa casa com jardim, quatro cachorros e uma horta de ervas medicinais.

Bete tinha a crença de que uma boa filha deve abrir mão de tudo pela família, a qualquer custo. Também acreditava que não dá para fazer Medicina e trabalhar o dia todo. Quando sua melhor amiga sugeria que tentasse o vestibular, encerrava a conversa dizendo: "Não adianta que eu não vou conseguir. Melhor ficar como está." Negava seu sonho, convencida de que estava satisfeita com a vida que tinha.

Sem entender o que acontecia, Bete passou a ter crises de raiva, em que falava e fazia coisas das quais se arrependia depois. Diante das menores contrariedades, tinha reações desproporcionais, causando dificuldades de relacionamento no trabalho, na família e no grupo social. Foi se tornando ressentida e amarga, e os poucos amigos começaram a se afastar.

As emoções negativas da raiva e do ressentimento eram as pontas do *iceberg* mostrando que Bete não estava olhando para si própria nem considerando seus desejos profundos. Depois de passar por um processo de autoconhecimento, ela se deu conta das crenças que a limitavam e arregaçou as mangas para se trabalhar internamente

Entrou em contato com a imensa raiva que guardava dentro de si e percebeu que precisava fazer algo a respeito. Dois anos depois, ela começou a cursar uma faculdade de Medicina e passou a atender em domicílio, fazendo seu próprio horário em função das aulas. Posicionou-se diante da família, limitando-se a ajudar dentro do possível e deixando que cada um assumisse a responsabilidade pela própria vida. Para isso, transformou as crenças que a limitavam em outras, que apoiavam seu sonho. Passou a acreditar que podia e tomou as medidas para realizá-lo.

Assim como Bete, inúmeras pessoas sofrem com emoções negativas, sem se dar conta de que essas emoções que causam sofrimento sinalizam o modo de transformá-las numa vida positiva.

Transformar uma emoção negativa é...

- Estar conectado com seu ser amoroso e acolher todos os seus sentimentos amorosamente. Eles, então, revelarão a você seus verdadeiros medos, para que possa trabalhar suas causas, em vez de lidar com os efeitos das emoções negativas.

- Não procurar culpados pelas emoções que está sentindo. Saber que é o único responsável por aquilo que sente lhe dá o poder de mudar suas emoções.

- Reconhecer que o processo de crescimento não é linear e estar preparado para dar alguns passos à frente, outros para trás, sem se deixar abater. Você pode lidar bem com algumas situações, conseguindo neutralizar uma emoção negativa e, mais adiante, voltar a se deixar tomar por uma delas. Nada de se criticar ou achar que nada mudou. Siga em frente e continue alerta, pois ninguém evolui sem regredir em alguns momentos. A vantagem é que você irá permanecer cada vez menos tempo na emoção negativa. Se antes ficava um dia, passará algumas horas apenas, uma hora, 30 minutos, até que a emoção tomará você por momentos apenas e você será capaz de transformá-la quase instantaneamente.

▸ Assumir a responsabilidade pela forma como permite que o que vem de fora entre em você. Quando alguém falar ou fizer algo que o desagrada, preste atenção no poder que dá a essa pessoa. Observação e atenção, mais uma vez, são chaves para a mudança.

▸ Saber que quando alguém provocar raiva, rejeição, medo, ressentimento, inveja ou qualquer outra emoção negativa em você, é importante observar que aspecto seu está presente na situação. Quando alguma coisa incomoda no outro, procure em você a origem do desconforto.

▸ Evitar apegar-se às palavras. Deixe que o passado permaneça no passado e não fique reproduzindo no seu áudio interno o que alguém disse que o magoou. A vida anda para a frente, siga com ela.

▸ Manter-se alinhado com seu verdadeiro ser. É a forma de direcionar a força e a energia que precisa para a realização dos seus objetivos de vida.

- Lembrar que o amor é o talismã, a chave, a luz que acaba com a sombra. Com amor no coração, será capaz de mais tolerância e compaixão, vivendo seus relacionamentos com a consciência de que ninguém é responsável pelas suas emoções negativas.

- Pensar em alguém que você ama, nas coisas pelas quais é grato na vida, nas possibilidades de realização que tem pela frente. Ao buscar pessoas, acontecimentos e possibilidades que o animam, você substitui uma emoção negativa por outra, positiva.

- Não superdimensionar o que o incomoda. Procure manter as contrariedades e decepções sob uma perspectiva correta. Verá que a grande maioria das coisas que provocam uma emoção negativa não tem, realmente, grande importância. Considere valores fundamentais como a vida, a saúde, a paz e o amor.

- Perceber que as contrariedades não são tragédias, mas apenas inconvenientes com os quais é possível lidar.

- Ter em mente que é sempre possível cuidar e transformar uma emoção negativa em outra, positiva.

Capítulo 24

Você tem um objetivo ou está sonhando acordado?

"O segredo de ir em frente é começar. O segredo de começar é quebrar suas tarefas complexas e avassaladoras numa seqüência de tarefas pequenas e manejáveis e, então, começar com a primeira."

Mark Twain

“Se você quiser viver uma vida feliz, ligue-a a um objetivo, não a pessoas ou coisas.”

Einstein

"Um objetivo é um sonho com data marcada."

Napoleon Hill

Quem não tem um objetivo claro corre o risco de viver à deriva, sem destino de chegada. É preciso definir o que você quer e ter em mente o que terá alcançado ao conquistar seu objetivo.

Uma vez que saiba especificamente qual é o seu objetivo, você precisará de um plano de navegação para conduzi-lo do estado atual — suas condições neste momento — ao estado desejado — o que estará vivendo quando seu objetivo for alcançado.

Pesquisas realizadas pela Harvard Business School comprovaram que as pessoas que registraram seus objetivos por escrito tiveram muito mais sucesso do que as que não os escreveram. Os resultados da pesquisa, feitos 20 anos depois da formatura de graduados em Harvard, mostram que os ex-alunos mais bem-sucedidos em todos os aspectos

— pessoal, profissional, financeiro e familiar — não foram os mais inteligentes nem os melhores alunos, mas os que estabeleceram objetivos e orientaram suas vidas por eles.

Quem não faz opções e estabelece uma direção pode acabar sem construir nada para si.

A não ser que você escolha o que quer, será escolhido pelas circunstâncias, permitindo que a vida aconteça a você, em vez de fazê-la acontecer.

Objetivos x Fantasia

Definir o que quer realizar, entretanto, é totalmente diferente de se deixar embalar por devaneios e sonhar acordado, perdendo-se em fantasias que nunca irão se concretizar.

Objetivos claros e planejados são a chave de uma vida de sucesso. Fantasias, entretanto, funcionam como travas que paralisam a ação e o impedem de seguir na direção de um objetivo alcançável.

Você pode sonhar se tornar estrela de Hollywood, campeão de Fórmula 1, casar com um astro do cinema, ganhar o Prêmio Nobel ou figurar na lista dos bilionários do planeta. Lembre-se, entretanto, que sonhos dessa ordem podem ter efeitos paralisantes e obstruir o caminho da auto-realização. Isso não significa que esses objetivos sejam impossíveis, mas, a não ser que haja tempo e preparação, passo a passo, na maioria das vezes, sonhos grandes escondem a dificuldade de lidar com a realidade a cada dia.

Como diferenciar um sonho de um objetivo? Para que o seu sonho possa ser transformado num objetivo, é preciso que ele atenda a alguns pré-requisitos. Um objetivo verdadeiro deve ser específico, realista, mensurável, divisível em submetas, alcançável e estar situado no tempo.

Escreva os seus objetivos em relação à saúde, ao trabalho, às finanças, aos relacionamentos, ao aprendizado, ao lazer e a todas as outras áreas da sua vida. Faça uma lista e, em seguida, escolha os três mais importantes nesse momento.

Pergunte-se quais os três objetivos que, alcançados, terão maior impacto na sua vida. Então, priorize esses objetivos. Escolha o primeiro e divida-o em submetas. Concentre-se no primeiro passo, complete, dê o segundo passo, concentre-se, como se cada passo fosse todo o seu objetivo. Desta forma, chegará ao final com sucesso.

Definindo objetivos

Um objetivo eficaz é aquele que depende só de você. Atrelar um objetivo à vontade de uma outra pessoa ou a uma circunstância externa é uma forma de se sabotar. Você pode ter o objetivo de se tornar diretor de uma empresa. Pode desejar casar e ter uma família. Também pode ter o objetivo de fazer amigos e se divertir.

Se desejar ser diretor da empresa, será preciso fazer um planejamento de carreira, adquirir as habilidades que lhe darão credibilidade, visibilidade e confiança necessárias ao cargo. Mas não poderá depender de outra pessoa para isso. Pode ser que o seu objetivo se concretize numa empresa diferente daquela em que trabalha atualmente, por exemplo. Estar preparado e disposto a construir a oportunidade que deseja é parte do processo de alcançar seu objetivo.

O mesmo acontece com quem deseja casar e ter uma família. Você pode se preparar para isso, crescendo internamente, desenvolvendo inteligência emocional e tornando-se confiante e atraente.

Se não souber o que deseja de um relacionamento e quais os valores fundamentais que busca no parceiro, poderá fazer escolhas erradas que não resultarão em relacionamentos felizes.

Quem tem como objetivo formar uma família não investe tempo nem energia em relacionamentos sem compromisso.

Não se preocupe, se ocupe

Querer não é o bastante, é preciso ter meios para chegar lá. Seu cérebro precisa receber informações claras para liberar os recursos internos de que você precisa, a fim de criar a vida que deseja.

Cada passo dado na direção do seu objetivo fortalecerá a decisão de seguir em frente.

Persistência é um atributo fundamental para alcançar um objetivo. Pessoas que desistem do que querem depois de algumas tentativas que não deram certo não querem realmente aquilo que pensam querer.

A decisão de conquistar um objetivo implica no compromisso de promover as ações necessárias para alcançá-lo, perseverando até obter os resultados desejados. Não importa o quanto tenha de tentar ou reformular o objetivo a fim de adequá-lo à realidade, é preciso ir até o final. E o final é quando chega lá.

Checando seus objetivos

A capacidade de reestruturar um objetivo requer flexibilidade. A flexibilidade permite que você escolha uma outra forma de realizar o seu objetivo, quando uma circunstância nova se coloca entre você e a concretização da meta estabelecida.

Imagine, por exemplo, que você tem o objetivo de fazer uma pós-graduação no exterior e está poupando dólares para isso, mas sua empresa volta atrás na decisão de liberá-lo para ir. A flexibilidade permitirá que possa adiar o objetivo em função de um bem maior (continuar a trabalhar na empresa e manter seu plano de carreira). Poderá fazer uma outra pós-graduação na cidade onde mora, negociar com seus chefes e fazer o curso no próximo semestre, ou se desligar da empresa e arriscar por conta própria.

Verifique se seus objetivos estão alinhados aos seus valores. Valores são pontos de referência e estão relacionados com o que consideramos fundamental na vida. Se os seus valores estiverem em conflito com seus objetivos, não conseguirá se mover na direção desejada.

Tomemos como exemplo um homem cujo valor maior seja a ética e a saúde. Esse homem, que está desempregado, é engenheiro de produção e precisa de dinheiro para sustentar a família. Imagine que ele receba uma proposta financeiramente irrecusável para trabalhar numa indústria tabagista que está lançando uma nova linha de cigarros com foco no público adolescente.

Se esse homem, que tem a saúde e a ética como valores principais, aceitasse o emprego, não se sustentaria por muito tempo no cargo, tampouco conseguiria realizar um bom trabalho. Seus valores fundamentais provocariam um conflito interno que acabaria por afastá-lo. Ter clareza sobre os seus valores fundamentais é essencial para definir objetivos alcançáveis.

Apaixone-se pelo seu objetivo

Motivação é a chave do sucesso. A paixão faz com que se tenha acesso a grandes doses de energia para se mover na direção da sua meta. Uma pessoa motivada pode superar obstáculos e desafios.

Visualizar seu objetivo concretizado o ajudará a manter o foco e a ter controle sobre as próximas ações.

Coloque num lugar bem visível um quadro com seu objetivo desenhado. Anote, passo a passo, as ações necessárias, pondo uma data ao lado de cada uma delas. Desenhe um gráfico, coloque uma figura que represente seu objetivo conquistado, escreva frases que o motivam, mantenha um registro das ações realizadas. Essas ferramentas irão apoiá-lo em todas as fases até atingir seu objetivo.

Assim como uma fábrica tem uma linha de produção composta por várias etapas até chegar ao produto final, uma meta precisa ser dividida em submetas para que a mente tenha clareza do caminho a percorrer, a fim de produzir o resultado desejado.

Se desejar alcançar vários objetivos ao mesmo tempo, poderá ficar preso à sensação de que há coisas demais para fazer, e desistir.

Pessoas que querem tudo ao mesmo tempo passam de um objetivo a outro, mentalmente, sem concentrar a energia na realização de qualquer um deles. Mire um objetivo de cada vez e tome as ações necessárias.

Exemplo:

Paulo sempre amou a natureza e a vida ao ar livre. Para ele, a liberdade valia muito mais do que dinheiro, bens materiais ou o conforto que um emprego convencional poderia representar. Por isso, aos 28 anos, depois de sete vestindo terno e gravata, pediu demissão da empresa onde trabalhava.

Decidiu que queria ter um barco para levar turistas em passeios pelo litoral do Rio de Janeiro e de São Paulo. Fez um levantamento do mercado de turismo e de quanto precisaria para comprar seu primeiro barco. Com esse objetivo definido, foi trabalhar numa agência de viagens vendendo pacotes turísticos enquanto aprendia mais sobre a área.

Traçou um plano e seguiu em frente. Entrou para um curso de inglês e outro de espanhol e, assim, a cada dia, dava um passo adiante na direção que havia traçado.

Como trabalhava muito e adorava viajar, conseguia um bom salário com as comissões que ganhava. Enquanto aplicava quase tudo o que ganhava, continuava a fazer esportes e a ir para a casa dos pais em Búzios sempre que podia. Alguns anos depois, com apoio do dono da empresa onde estava, Paulo foi a uma feira náutica para comprar seu primeiro barco.

A essa altura, dominava o inglês e o espanhol e estava aprendendo italiano. Começou a fazer pequenos passeios, levando turistas indicados pelo ex-chefe. Aos poucos, várias agências de turismo e pousadas começaram a indicá-lo e ele trocou de barco.

Logo, estava fazendo passeios maiores com paradas em restaurantes especializados em frutos do mar, com os quais estabeleceu parceria. O negócio progrediu e, em alguns anos, ele tinha três barcos e sua frota continuou crescendo. Ele contratou pessoas para trabalhar no negócio e pôde viajar mais para fazer o que sempre quis: viver com liberdade nas paisagens belas do mundo.

Ter um objetivo real e conquistá-lo é...

▸ Entrar em ação em vez de apenas pensar naquilo que quer realizar. Ao passar do plano mental para o plano físico, você entra em movimento e descobre os segredos do caminho ao caminhar.

▸ Saber que tudo o que nos acontece na vida é produto das decisões que tomamos. Essa clareza faz com que você se mantenha alerta e vigilante em relação às suas escolhas, retomando a rota cada vez que se afastar do caminho.

- Desenvolver as habilidades de que precisa para poder levar adiante as ações necessárias para conquistar seu objetivo.

- Valorizar cada passo sem esperar por grandes realizações para desfrutar a vitória. Uma vez que todo objetivo é divisível em pequenos atos, cada vez que você cumpre uma tarefa ligada à meta conquista uma vitória.

- Recomeçar a cada tentativa malsucedida, sem se deixar abater pelo que não funcionou. Cada tentativa frustrada pode se transformar em combustível para prosseguir.

- Considerar as alternativas disponíveis para chegar aonde se quer. Muitas vezes o caminho para alcançar um objetivo traz novas informações que precisam ser consideradas, alterando o planejamento anterior. Saber reconhecer as necessidades do momento e fluir com elas é uma das habilidades fundamentais quando se quer alcançar um objetivo.

- Perceber as oportunidades presentes em todas as crises e não deixar que o pessimismo, o desânimo ou as dificuldades o afastem do seu objetivo. Mesmo quando a ação possível é a não ação, a escolha consciente da atitude a tomar mantém a energia conectada com seu objetivo, até que o momento oportuno para prosseguir se apresente.

- Estar disposto a pagar o preço. Não dá para ter tudo na vida, e a menos que você se disponha a abrir mão do que for necessário para conquistar seu objetivo, não será bem-sucedido.

▸ Acreditar que cada um é arquiteto da própria vida. Quando se sabe aonde se quer chegar, os recursos necessários se apresentam desde que esteja comprometido com aquilo quer. Compromisso com alguma coisa é não abrir espaço para nenhuma outra possibilidade que não seja cumprir aquilo com o que você está comprometido. Comprometa-se com seu objetivo e chegará lá.

Objetivo	Sonho acordado
É específico. Você sabe o que deseja e pode descrever exatamente o que quer alcançar.	**Não é específico.** São desejos que variam de acordo com a interpretação que se dá a eles.
É realista. O que você quer é realista. Não há impedimento real para que seja alcançado.	**É irreal**, pois depende de fatores e circunstâncias impossíveis.
É mensurável. Você tem clareza e sabe qual é o tamanho do seu objetivo.	**Não é mensurável.** Não haveria como saber quando foi conquistado, já que não pode ser medido
É divisível em submetas. Isso significa que seu objetivo pode ser transformado em uma série de pequenos objetivos.	**Não é divisível em submetas.** Isso significa que não há como dividi-lo, de modo realista, em pequenos objetivos.
É alcançável. Ou seja, seu objetivo é atingível e você está alinhado com as ações necessárias para alcançá-lo.	**É inalcançável.** Ou seja, é algo inatingível e não pode ser transformado em ações.
É definido no tempo. Um objetivo precisa ser situado no tempo, com datas marcadas para o cumprimento de cada etapa até que seja alcançado.	**Não está definido no tempo.** Não existe um planejamento que determine o tempo em que deverá ser realizado.

Capítulo 25

A importância de uma comunicação efetiva

"Palavras gentis podem ser breves e fáceis de se falar, mas seus ecos são intermináveis."

Madre Teresa de Calcutá

"As palavras exercem influência somente quando são objetivas e claramente referentes a circunstâncias definidas. Só uma conduta firme e conseqüente terá impacto sobre os outros, fazendo com que se adaptem e se orientem por ela. Se a palavra e a conduta não estão em harmonia e não são conseqüentes, não terão efeito."

I Ching

"Existe um único modo de se fazer com que qualquer um faça qualquer coisa. Consiste em fazer com que a outra pessoa queira fazer isso."

Dale Carnegie

"Eu sei que você acha que entendeu o que pensa que eu disse, mas eu não estou certo se você percebeu que o que você ouviu não foi o que eu falei."

Uma das maiores causas de desentendimento entre as pessoas é a dificuldade de comunicação. A falta de clareza de uma mensagem abre brechas para interpretações equivocadas, com conseqüências indesejáveis.

Isso acontece, por exemplo, quando alguém diz alguma coisa e presume que sua mensagem foi compreendida corretamente, conforme o que queria dizer. A pessoa que recebeu a mensagem, por sua vez, fez uma interpretação de acordo com o seu modelo de mundo e reage ao que foi dito segundo a sua compreensão.

É curioso observar que, freqüentemente, as pessoas reagem à interpretação que fazem do que o outro disse. A compreensão equivocada do conteúdo de uma comunicação pode desencadear reações mais ou menos intensas, dando origem a conflitos que poderiam ser evitados.

O sentido da comunicação é o resultado que se obtém. Sem uma comunicação eficaz, não há sucesso na vida pessoal, profissional, amorosa e social.

A qualidade na sua comunicação determina a qualidade dos seus relacionamentos, a começar pelo relacionamento que você tem com você mesmo.

Aprendendo a se comunicar

Quando você comunica algo a alguém, torna-se responsável pela clareza da sua comunicação.

Pessoas que costumam expressar suas idéias e sentimentos à medida que ocorrem, sem observar se estão sendo claras no que dizem e sem checar o que a outra pessoa está compreendendo, costumam criar situações complicadas para si próprias.

Seja em nome da espontaneidade, seja por preguiça de formular adequadamente aquilo que se deseja dizer, por ignorância, ou seja lá o que for, a verdade é que se você não cuidar da maneira como se comunica, freqüentemente, estará em apuros.

Aprender a se comunicar é tão fundamental quanto aprender a ler e a escrever.

Não basta ter a informação, é preciso transmiti-la sem ruídos. Um bom comunicador precisa conhecer o modelo de mundo da sua audiência (seja ela composta por uma ou muitas pessoas), para falar uma linguagem que possa ser compreendida.

Se você teve a intenção de demonstrar afeto por alguém, por exemplo, e fez uma brincadeira ou um gesto que despertou na pessoa uma reação de raiva, a sua comunicação foi contrária à sua intenção. Em vez do afeto que queria expressar, você provocou irritação. A não ser que pare para perceber de que modo precisaria se comunicar para que a outra pessoa entendesse sua expressão de afeto, poderá causar desequilíbrios na relação provenientes da falta de habilidade para se comunicar.

Ao transmitir sua mensagem, é preciso que você expresse pensamentos e idéias com eficácia. Quando isso não acontece e sua comunicação não é percebida de acordo com o que você queria dizer, ocorre o colapso na comunicação.

O sucesso da comunicação é possível apenas quando a mensagem é enviada e recebida com clareza. A falha nesse processo pode impedir a concretização de objetivos, pessoais e profissionais.

A força das palavras

O pensamento é estruturado através da linguagem, e as palavras têm o poder de acessar registros inconscientes e sensações físicas. Possuem energia própria e vibram em suas freqüências específicas, modificando estados mentais e emocionais.

A palavra tem força, e saber utilizá-la é o trunfo de muitos dos nomes gravados na história.

Através daquilo que falamos podemos levar as pessoas a fazerem qualquer coisa. Para o bem ou para o mal, as palavras motivam, derrubam, influenciam e impulsionam multidões.

Cada palavra remete a registros internos que estão associados a emoções específicas, agradáveis ou desagradáveis, de acordo com a história de cada um.

Palavras claras e objetivas favorecem a comunicação bem-sucedida. O sucesso que se tem na vida está diretamente ligado à habilidade de usar as palavras de maneira positiva.

Comunicando-se com sucesso

Em toda comunicação, uma mensagem é enviada e recebida na outra ponta. Seja por uma ou por muitas pessoas, a base do processo é a mesma.

Isso também ocorre na comunicação interna, aquela que tem lugar em sua própria mente. Quando você se comunica internamente, passa a ser, ao mesmo tempo, emissor e receptor da sua mensagem.

Antes de uma conversa importante, uma reunião ou outra forma de comunicação, pergunte-se: "O que quero obter com minha comunicação?", "O que precisaria acontecer para que eu soubesse que minha comunicação foi bem-sucedida?"

Ao ter clareza sobre o objetivo da sua comunicação, você poderá estruturar a forma como irá fazê-lo.

Como tornar sua comunicação efetiva

Se o que você quer comunicar for algo importante ou difícil, estruturar o raciocínio pode ajudar muito. Defina como irá iniciar, desenvolver e concluir aquilo que quer dizer.

Talvez você possa utilizar outras formas de se comunicar, como usar uma roupa específica, escolher um lugar interessante, se expressar corporalmente, usar um perfume e assim por diante.

Nada disso funcionará, porém, se você não estiver sintonizado com o momento oportuno, para que sua comunicação seja recebida da melhor forma.

Tão importante quanto falar é ouvir.

Procure ouvir mais do que falar e obterá informações preciosas para conduzir sua comunicação. Conhecer os valores, o contexto cultural e as experiências do outro apoiará a escolha de uma linguagem adequada para transmitir aquilo que deseja.

E uma vez que você tiver clareza do objetivo da sua comunicação, souber como colocar sua mensagem e encontrar o momento oportuno, escolha um território que apóie seu objetivo, que seja neutro ou agradável.

Qual é a essência do que você quer comunicar?

Como já dissemos, uma comunicação clara requer um objetivo claro. Ter em mente qual é a essência daquilo que deseja comunicar permite que você organize o pensamento a fim de se expressar com clareza e objetividade, ingredientes essenciais de uma boa comunicação.

Defina o que pretende com determinada comunicação e organize sua mensagem de modo a transmitir aquilo que quer passar.

As palavras produzem efeito somente quando você se mostra alinhado ao que diz. Esse alinhamento se revela pela sua voz (tom, ritmo e velocidade com que fala) e por sua expressão corporal.

É preciso, também, que suas palavras se refiram a circunstâncias claramente definidas.

O conteúdo daquilo que se diz corresponde a apenas sete por cento da comunicação. Vinte e sete por cento estão ligados ao modo como se fala (tom, ritmo e velocidade da voz). E setenta por cento da comunicação estão ligados à expressão do rosto e do corpo, à forma como alguém se coloca enquanto fala: o olhar, o movimento das mãos, a postura e todas as outras informações que são enviadas pela linguagem corporal.

Conheça sua audiência: seja uma pessoa ou uma multidão

Não basta cuidar para que sua parte na comunicação funcione. É preciso levar em conta a quem sua comunicação é dirigida.

Quanto mais informação tiver sobre sua audiência, seja ela você, uma outra pessoa ou um grupo de pessoas, mais chances terá de ter sucesso na comunicação.

Escolha um canal adequado para aquela comunicação (oral — pessoal, por telefone; *e-mail*, carta, teleconferência).

Lembre-se sempre de que, seja na sua comunicação com você mesmo, ou com as outras pessoas, o autoconhecimento é a chave para a clareza interna que precede a eficácia na comunicação.

Exemplo:

PRIMEIRA SITUAÇÃO	**Alice quer receber carinho e palavras amorosas do parceiro. Ele chega em casa depois de um dia tenso de trabalho.**
OBJETIVO DA COMUNICAÇÃO	Receber carinho e expressões de amor do parceiro.
COMUNICAÇÃO INEFICAZ	Alice: Você não gosta mais de ficar comigo, não liga mais para mim. Antigamente, não era assim. Você não me ama mais? Vive grudado na tevê. (Pega o controle remoto e desliga a tevê.)
RESULTADO 1	Alice não colocou o que queria. O que ela fez foi cobrar, julgar e reagir ao que queria receber dele (carinho e palavras amorosas), como se esperasse que ele adivinhasse suas necessidades e o fato de ele não adivinhar o que ela queria significasse falta de amor. Ao se sentir criticado e cobrado, o homem se ressente e se recolhe. O efeito desse tipo de comunicação é provocar um distanciamento afetivo.
COMUNICAÇÃO EFETIVA	Alice espera um intervalo comercial para falar. "Querido, eu sei que você está assistindo à televisão, que está querendo relaxar. Mas posso dizer uma coisa? Eu estou querendo um pouco de carinho, de atenção, vamos namorar um pouco? É tão bom quando você me diz coisas boas. O que você acha de eu pedir um jantar para nós dois depois do jornal e ficarmos juntinho?
RESULTADO 2	O fato de Alice colocar o que está sentindo e o que quer com clareza, sem cobranças, não cria pressão no relacionamento. Ele pode entrar no clima amoroso que ela busca naquele momento, ou mais tarde. Pode também dizer que está estressado e que precisa de um tempo para ele. O importante é que a comunicação foi honesta e objetiva.

SEGUNDA SITUAÇÃO	**Empregada não está fazendo a faxina de acordo com os padrões requeridos pela dona da casa.**
OBJETIVO DA COMUNICAÇÃO	Fazer com que a empregada faça a faxina da casa satisfatoriamente.
COMUNICAÇÃO INEFICAZ	"Você não está fazendo a faxina como eu pedi. Quero que você limpe mais a casa, que faça o trabalho direito, sem deixar nada de lado."
RESULTADO 1	*Limpar mais* pode ser qualquer coisa além do que era feito. Se a empregada limpar embaixo de um sofá que não costumava limpar e deixar os outros, já estará limpando mais do que antes. *Fazer direito* é uma observação subjetiva. Para a empregada, fazer direito pode ser trabalhar sem sapatos, usar os eletrodomésticos ou o que quer que interprete como fazer direito. "Não deixar nada de lado" também é uma informação genérica, não específica. Pode ser, do ponto de vista da empregada, fazer tudo o que ela sabe.
COMUNICAÇÃO EFETIVA	"O que eu espero que você faça como faxina está nesse roteiro que escrevi neste papel. O seu horário de trabalho começa às nove e termina às 17 horas, com uma hora para almoço. Comece e termine cada item antes de fazer o próximo. São eles: limpar os vidros com o produto X, passar pano úmido no rodapé, tirar o pó dos móveis, passar lustra-móveis, afastar os sofás da parede, tirar os pêlos dos animais com escova, passar o aspirador de pó, limpar as pratas com o produto Y, limpar os quadros, lavar os vidros etc. etc. etc. Até que isso seja feito, não vou considerar a faxina completa. Você quer perguntar alguma coisa? Por favor, repita todas as etapas para confirmarmos o processo."
RESULTADO 2	A empregada agora tem um roteiro claro, objetivo, com as informações do que a patroa considera uma faxina completa. Caso não tenha entendido ou tenha compreendido mal, ao repetir o que terá que fazer o engano ficará claro e as duas poderão esclarecê-lo.

TERCEIRA SITUAÇÃO	**O diretor de uma empresa pediu ao seu gerente um projeto para buscar novas parcerias para o negócio, mas considerou o trabalho que lhe foi entregue mal apresentado, mal escrito, sem criatividade e completamente fora do que queria.**
OBJETIVO DA COMUNICAÇÃO	Fazer com que a equipe elabore e entregue um projeto para buscar parcerias com outras empresas.
COMUNICAÇÃO INEFICAZ	"Isso que vocês me entregaram está péssimo, mal escrito e mal apresentado. Além disso, não era nada do que eu estava pensando; vocês não fizeram o que eu pedi. Refaçam e me entreguem um projeto bem-feito."
RESULTADO 1	Críticas e julgamentos depreciam a pessoa em vez de concentrar no que foi feito. Dizer que alguém é incompetente é muito diferente de afirmar que um trabalho não está de acordo com o que se esperava. Além disso, ao ouvir esse *feedback*, o gerente entende que não era nada daquilo que foi pedido, mas pode se sentir desconsiderado ao levar em conta o trabalho que ele e a equipe tiveram para chegar ao projeto final com as informações que tinham. Continuará sem saber o que o chefe espera do projeto. Como conseqüência, a equipe tenderá a perder a motivação e, provavelmente, apresentará um projeto tão ineficaz quanto o primeiro, causando maiores dificuldades.
COMUNICAÇÃO EFETIVA	"Percebi que não ficou claro para vocês o que eu esperava desse projeto. Vamos estruturar a forma como quero que vocês o desenvolvam. Cuidem da gramática e da ortografia antes de entregar. Usem frases curtas e objetivas. Evitem adjetivos. Sejam diretos e usem uma linguagem coloquial e correta. Comecem com dez linhas apresentando a empresa, façam um histórico resumido das nossas parcerias, o público-alvo, o potencial de crescimento da empresa, descrevam o objetivo das novas parcerias, modalidades de parcerias possíveis. O prazo para entrega é de X dias. Alguma dúvida em relação a qualquer um desses tópicos? Você poderia repassar para mim o que entendeu do que pedi?"
RESULTADO 2	Com um roteiro específico, a equipe poderá trabalhar direcionada para o que foi pedido. O chefe não julgou nem criticou o trabalho anterior, mas deu orientação para que fosse refeito.

Comunicar-se efetivamente é...

▸ Manter a mensagem clara. Seja direto, objetivo e preste atenção na comunicação não-verbal enquanto fala. Uma das chaves para uma comunicação eficaz é ouvir e compreender antes de buscar ser ouvido e compreendido.

▸ Dar informações claras e checar se quem as recebeu compreendeu aquilo que você quis dizer. Peça para que a pessoa diga, com suas próprias palavras, o que compreendeu do que você disse. Faça o mesmo quando for você a pessoa que recebeu a mensagem. Diga com suas palavras o que entendeu do que ouviu. Uma das maiores causas de mal-entendidos é o ruído na comunicação.

▸ Saber a quem você está dirigindo sua comunicação. Observe quais são seus valores, interesses, suas crenças e o contexto cultural. Isso aumentará suas chances de tornar a comunicação eficaz.

▸ Preparar-se para dizer aquilo que quer comunicar. Isso fará com que fique mais seguro e permitirá encontrar a melhor forma de organizar seu pensamento, a fim de atingir o objetivo da sua comunicação.

▸ Ser simples, honesto e direto. A simplicidade é a chave para ter sucesso.

▸ Ser natural e espontâneo. Preparar o que quer dizer não significa deixar de ser espontâneo. Você precisa ter em mente os principais aspectos do que quer comunicar, mas não precisa agir como se estivesse seguindo um roteiro de cinema.

▸ Dar instruções claras e pedir às pessoas que as recebem para repeti-las com suas palavras. A clareza na comunicação é essencial para evitar mal-entendidos e situações desagradáveis. Cheque a comunicação constantemente e poderá rever as informações sempre que necessário.

▸ Observar as reações à sua comunicação. O *feedback* recebido é uma excelente maneira de saber se está sendo eficaz, ou não.

▸ Ouvir com atenção. Se conseguir compreender as emoções que a outra pessoa associa ao assunto, a forma como aquilo a afeta, poderá direcionar melhor sua comunicação.

▸ Procurar se colocar no lugar do outro. Ao fazer isso, você amplia sua percepção sobre o assunto em questão.

▸ Dividir com seus pares e funcionários os méritos de um projeto bem-sucedido. Ao sentir que estão sendo apreciados e reconhecidos, continuarão a dar o máximo para colaborar com você.

▸ Saber que a única maneira de fazer com que alguém faça o que você quer é despertando na outra pessoa um desejo de fazê-lo. Aprecie a pessoa, mostre reconhecimento por suas qualidades, dê a ela o sentido de importância que ela precisa.

- Falar a partir do seu coração, sem pretender manipular ou levar a outra pessoa a fazer algo que não deseja fazer.

- Assumir a responsabilidade pelo resultado das suas interações com as outras pessoas. Mesmo quando alguém o tratar mal ou fizer alguma coisa com a intenção de prejudicá-lo, você poderá neutralizar os efeitos do que a pessoa fez ou disse.

- Se desejar que o outro atenda suas necessidades, considerar primeiro as necessidades do outro. Descubra o que ele quer e dê a ele um pouco disso. Fale sobre os assuntos que interessam a ele, dê informações que possam ajudá-lo a conseguir o que quer, mostre apreciação por suas qualidades e, então, coloque o que deseja. Esse é o princípio do trabalho de Andrew Carnegie que ensinou milhões de pessoas com seu método.

Capítulo 26

A vitamina do auto-reconhecimento

"Respeite a si próprio, se quiser o respeito dos outros."

Baltasar Gracián

"Primeiro fazemos os nossos hábitos.
Depois, os nossos hábitos nos fazem."

John Dryden

"Você pode fazer mais amigos em dois meses se interessando pelas outras pessoas do que poderia fazer em dois anos tentando fazer com que as outras pessoas se interessem por você."

Dale Carnegie

A primeira pessoa que precisa reconhecer suas qualidades é você mesmo. Se não fizer isso, dificilmente os outros vão se dar conta do que existe de bom em você, pois as pessoas funcionam como um espelho que reflete o modo como você se vê.

Se não reconhecer seus atributos positivos e confiar na sua capacidade de se sair bem, não importa seu estilo de vida, o que diz e mostra para os outros, não terá sucesso, pois é o que sente dentro de você que se transmite para os outros.

Alguém com baixa auto-estima irradia o sentimento de desvalorização e provoca reações que confirmam a imagem negativa que tem de si. Se você não se valorizar, é inútil esperar que alguém mais o faça.

A construção da auto-imagem

A auto-imagem, que é o conceito que cada um tem a respeito de si, não pode ser construída de fora para dentro.

Comprar roupas de *grife*, andar em carros de luxo e ostentar símbolos de *status* não bastam para mudar o modo como alguém se sente em relação a si mesmo.

Se você não estiver satisfeito com o modo como se sente, evite perder tempo buscando soluções externas. Olhe para dentro de você. Auto-estima vem de dentro para fora, e para produzir efeitos positivos no mundo é preciso que sua auto-imagem seja positiva.

Existem mulheres feias, com inteligência comum, empregos normais, sem dinheiro, sem outros atributos que as façam brilhar, mas que se têm em tão alta conta, que sua auto-estima permite que conquistem vidas glamourosas. Elas se casam com homens atraentes, inteligentes, bonitos bem-sucedidos e disputados, vivendo vidas que sonharam para si.

Outras, lindas, inteligentes, ricas, por conta de uma baixíssima auto-estima, simplesmente sobrevivem sem se realizarem pessoal ou profissionalmente. É o resultado de não conseguirem valorizar suas qualidades e seus atributos positivos.

A não ser que você se admire, não espere admiração de ninguém mais.

Você merece tudo de bom

Não fosse por outra razão, o simples fato de existir e fazer parte do mundo já faz você merecedor de amor e de felicidade.

Mas se você não se reconhece como um ser completo, com todos os recursos de que precisa para ser feliz, não conseguirá realizar seu propósito de vida.

Sentir-se merecedor não é algo que se diga da boca para fora. Quando você se valoriza e sente, realmente, que merece tudo de bom, demonstra isso pelo que faz.

Cuidar de si mesmo, entre outras coisas, tem a ver com uma alimentação equilibrada, fazer exercícios físicos e escolher roupas que o favoreçam. Viver em um ambiente aconchegante, manter a casa limpa, ter suas roupas e seus objetos organizados, gostar da imagem que vê no espelho, estudar, ler, divertir-se, trabalhar, tratar bem as outras pessoas, ser carinhoso, ter amigos escolhidos, respeitar os próprios limites e os limites dos outros, manter o equilíbrio financeiro, tirar férias, desfrutar momentos em família, esperar o melhor da vida e acreditar que terá o melhor. Cuidar de todos o assuntos que se relacionam com a qualidade de vida material, mental, emocional e espiritual é sinal de uma auto-estima elevada.

Percorrendo uma escala que vai dos mais baixos aos mais elevados graus de auto-estima, a maioria oscila entre quedas e uma elevação do sentimento.

Para ter uma boa opinião sobre você é importante que esteja em contato com quem é verdadeiramente, pois quando desconhece suas reais necessidades, seus desejos, suas limitações, acaba por formar uma imagem distorcida de si mesmo.

Muitas pessoas acreditam ser aquilo que ouviram dos pais, professores, colegas e amigos. Tomar como verdade a seu respeito o ponto de vista de outras pessoas demonstra distanciamento de si mesmo. Da mesma forma que, ao dar ouvidos às críticas, aos julgamentos das outras pessoas, você entrega seu poder para os outros.

Lembre-se de que mesmo que você se dispusesse a corresponder às expectativas das outras pessoas, jamais poderia agradar a todas. Mas, certamente, estaria se desagradando e se agredindo ao perder contato com o que importa para você.

Por mais baixa que sua auto-estima esteja neste momento você pode dar o primeiro passo para reverter o modo como se sente em relação a si próprio.

Uma das maneiras para isso é ter clareza sobre o que é importante para você e, a partir daí, formular objetivos de vida. O fato de escolher o que você quer já contribui para aumentar sua auto-estima.

Persiga seus objetivos até alcançá-los

Parte desse processo para promover o sucesso está em desenvolver a disciplina interna, a fim de manter o foco e o comprometimento com as ações necessárias para obter o que deseja. Ao perseguir seu objetivo, você coloca em ação atitudes que elevam sua auto-estima, pois o ato de ir em direção à realização de uma meta fortalece internamente e estimula o desenvolvimento de aptidões adormecidas.

Basta estar disposto a fazer sua parte. Com constância, determinação e empenho, mudando a rota sempre que necessário, alcançará o que deseja.

Reconheça seu progresso

Se desejar fortalecer a vontade e a disciplina, dê a si mesmo o combustível do reconhecimento. Parte do processo de reverter uma auto-imagem negativa está no reconhecimento do próprio progresso.

O reconhecimento do que está fazendo e do que está funcionando em sua vida aumenta a auto-estima, provocando um efeito multiplicador, pois ativa a vontade de fazer com que todas as áreas da sua vida funcionem para você.

Assim, você transforma o modo como se vê e, conseqüentemente, como o mundo o vê.

O auto-reconhecimento está relacionado com a capacidade de olhar para dentro de si e reconhecer todas as coisas boas que fazem parte de você.

Ao estar consciente de cada passo adiante na direção dos seus objetivos, você se fortalece. Por menor que seja o progresso, sua motivação se mantém em alta, enviando à mente consciente e inconsciente a mensagem de que você é capaz.

E cada vez que sua mente recebe essa mensagem, libera mais recursos internos, aumentando sua força e impulsionando-o ao êxito final.

Para vencer no mundo é preciso, antes, vencer internamente. A vitória começa dentro de cada um para se manifestar no universo físico, já que todas as coisas existem em estado latente e é preciso reconhecê-las para que tomem forma e ocupem espaço no mundo.

Os efeitos negativos da falta de reconhecimento

Se você não reconhece seu progresso é como se dissesse a si mesmo que o sucesso está sempre adiante, algo a ser alcançado sempre depois.

Quando você não se dá o reconhecimento pelo que é e o que faz de bom, entra na ilusão de que não tem valor. E, daí, é um passo para sentir-se carente e desanimado.

O mais triste é que a pessoa não percebe que o problema não é sua falta de valor e, sim, o que acredita sobre si mesma.

Falta de auto-reconhecimento deixa o mundo fora de foco

Pessoas com alto nível de exigência em relação a si mesmas, chamadas perfeccionistas, costumam ter dificuldade de reconhecer o sucesso naquilo que fazem.

Em geral, esperam grandes feitos para celebrar, sem se dar conta de que são justamente os pequenos, às vezes imperceptíveis, progressos na direção dos seus objetivos que asseguram a vitória.

Essas pequenas ações são tudo aquilo que representa um avanço em relação aos seus objetivos, como, por exemplo, resistir àquele pedaço de bolo, quando o objetivo é reduzir o peso; reservar um tempo na agenda para retornar telefonemas; responder *e-mails* que precisam ser retornados; ir à academia, apesar da preguiça. Ou ficar em casa trabalhando em vez de sair com os amigos quando o trabalho precisa ser terminado; manter a casa em ordem; completar as leituras iniciadas; organizar sua mesa de trabalho; terminar aquela apresentação para a empresa; se matricular no curso de espanhol; contratar um plano de previdência privada; passar um final de semana fora com a família; cumprir compromissos; dizer "Eu te amo" para quem você ama etc. etc. etc.

Seja um sucesso para você mesmo

O auto-reconhecimento ajuda a construir um acervo de referências positivas a que poderá recorrer sempre que se sentir desencorajado, desanimado, descrente da sua capacidade de seguir adiante. Nesses momentos, buscar as experiências pelas quais você se deu reconhecimento fará com que supere um estado de ânimo negativo e siga adiante.

O sucesso está em concluir cada pequena tarefa, em resistir à tentação de se desviar da rota traçada. Ao evitar as pequenas distrações, evita os pequenos vazamentos que fazem naufragar o navio.

Uma mente vencedora

A motivação para continuar em curso e seguir, sejam quais forem as dificuldades no caminho, é a chave que alimenta a determinação de vencer.

O atleta em potencial começa o trabalho de condicionamento físico e se aplica no treinamento, respeitando os limites do corpo. Assim, gradativamente, vai formalizando seu potencial de atleta. Os músculos, a capacidade aeróbica, a flexibilidade e a técnica que o levará ao desempenho de um campeão são conquistas microscópicas que vão se somando no decorrer das horas, dos dias, das semanas, dos meses e dos anos, até que a medalha, a taça, os aplausos e o reconhecimento público do sucesso materializem o que foi conquistado com pequenas ações.

Todo processo de desenvolvimento das habilidades necessárias para se alcançar objetivos passa pelo treinamento.

Mantenha o ego afastado do caminho

O verdadeiro auto-reconhecimento não tem nada a ver com a busca de aplausos e aprovação, não é movido pela vaidade. Também não tem nenhuma relação com a idéia do ego, que quer impressionar, sentir-se melhor do que os outros e obter vantagens.

O ser que se reconhece a cada conquista sabe que todas as formas de comparação são inúteis e negativas por natureza, pois compreende que a única comparação válida é aquela que se faz em relação a si mesmo. É a comparação que mede o próprio progresso no caminho do aperfeiçoamento contínuo.

Ao reconhecer seus pontos positivos, suas mudanças microscópicas os pequenos e grandes resultados que obtém, você coloca sinais luminosos ao longo do percurso até seus objetivos, iluminando a rota que o conduz à sua vitória

Exemplo:

Sônia, com 1,80m de altura, sempre chamou a atenção onde passava. Feia e com ossos grandes, ela não tinha nenhum dos atributos considerados atraentes pelos padrões de beleza atuais. Trabalhava como secretária num banco de investimentos e vivia com a mãe viúva num pequeno apartamento.

Sônia, apesar da vida absolutamente comum, vivia rindo e tinha muito humor em relação aos contratempos da vida. Mesmo depois de um dia exaustivo, não pensava duas vezes para aceitar o convite de varar a noite dançando numa gafieira. Como não tinha dinheiro para freqüentar uma academia, corria diariamente, fazia atividades físicas gratuitas na praia, ainda que precisasse levantar às cinco da manhã para conseguir estar às nove no trabalho.

Sônia não gostava de estudar, mas adorava línguas e estava tendo aulas de francês na empresa. Adorava investir suas economias e vibrava ao acompanhar o resultado das suas ações, ainda que todo o seu capital reunido não fosse o bastante para comprar um carro. Os meninos do banco, como chamava os estagiários, a ajudavam a compreender os segredos do dinheiro.

Sônia se interessava pelas amigas e era o tipo de pessoa com quem os colegas de banco gostavam de desabafar. Acreditava na vida, não importava o que pudesse estar acontecendo.

Gostava de cozinhar e, aos domingos, juntava amigos em torno de um vatapá ou de outras especialidades da cozinha baiana. Saiu da Bahia aos 16 anos para acompanhar a mãe e o irmão, que vieram trabalhar no Rio de Janeiro.

Sônia se considerava uma vitoriosa, pois, como dizia, vinha de uma cidade onde a maioria não sabia ler e tinha orgulho de ser secretária, e uma das melhores, como costumava repetir em casa. Usava vestidos coloridos, brincos grandes.

Todos gostavam de passar pela sala de Sônia no banco.

Certo dia, recebeu um grupo de investidores estrangeiros e conversou com eles, enquanto aguardavam seu chefe chegar. Sônia arriscou o pouco francês que estava aprendendo e falou da Bahia, do Brasil, respondendo às perguntas que faziam. Antes de ir embora, um suíço que participava do grupo a convidou para sair.

Antes de voltar para a Europa, dez dias depois, ele propôs a ela que o visitasse nas férias. Sônia tinha uma auto-estima elevada e achou natural que o estrangeiro se encantasse por ela. Acreditava no fundo do seu coração que o homem que viesse a se casar com ela seria um sujeito de sorte.

Com muita naturalidade e se sentindo completamente merecedora, Sônia foi introduzida no mundo das finanças em Genebra, impressionando a todos com sua simpatia e com seu desembaraço. Em alguns meses, ele a pediu em casamento. Ela foi morar na Suíça e pelo menos três vezes por ano Sônia e a mãe se encontram na Europa ou no Brasil. A imagem positiva que tinha de si mesma e da vida foram fundamentais para que atraísse as oportunidades que encontrou para ser feliz.

Reconhecer a si próprio é...

- Anotar em um caderno seus pequenos progressos e as vitórias.

- Observar suas qualidades e o modo como pode expressá-las no seu dia-a-dia.

- Não exigir perfeição de si mesmo e aceitar suas falhas amorosamente, sem lamentar erros do passado.

- Escrever uma carta de amor para você e colocá-la no correio.

- Fazer uma lista de todas as limitações que já superou na vida e observar as ferramentas internas que usou para isso.

- Manter o ego afastado do caminho.

- Notar sua beleza única e admirá-la.

- Dar a si mesmo oportunidades de crescimento contínuo.

- Fazer uma relação de todas as suas conquistas significativas na vida, pessoais e profissionais.

- Não permitir que as outras pessoas se intrometam na sua vida e interfiram na sua vontade.

- Escolher o que é melhor para você em cada situação, confiando no seu coração.

- Constatar que você fez o melhor que pôde com aquilo que tinha.

Capítulo 27

Aprendendo a oferecer e a receber *feedback*

"Trate um homem de acordo com aquilo que ele é, e ele continuará a ser como ele é. Trate um homem de acordo com o que ele poderia vir a ser, e ele se tornará esse homem."

Ralph Waldo Emerson

"O homem superior age antes de falar e fala de acordo com sua ação."

Confúcio

> "Preocupe-se mais com seu caráter do que com sua reputação. Seu caráter é o que você realmente é, enquanto sua reputação é meramente aquilo que os outros pensam que você é."
>
> *Dale Carnegie*

F*eedback* é uma ferramenta que lhe permite descobrir como suas ações estão sendo percebidas pelas pessoas com quem está em contato.

O *feedback*, torna possível avaliar seu desempenho e perceber se está indo ou não na direção desejada. Caso isso não esteja acontecendo, o *feedback* dá a você as informações necessárias para mudar suas ações, a fim de obter os resultados que deseja.

Se o que você está fazendo não está produzindo os resultados que deseja, ao continuar a fazer a mesma coisa, continuará produzindo os mesmos resultados.

O *feedback* permite que avalie o que é preciso mudar para produzir os resultados desejados. Funciona como uma espécie de bússola que orienta a correção da rota, até que se tenha evidências de estar no caminho certo.

Através do *feedback* você dá ou recebe retorno do seu desempenho em relação a uma ação específica. E pode perceber o quanto está sendo, ou não, eficaz em sua comunicação. Essas informações o ajudam a redesenhar o caminho para chegar aos objetivos estabelecidos.

A menos que você saiba como suas palavras e ações estão sendo recebidas por aqueles a quem se dirige, não terá instrumentos de navegação para se manter em curso. Esse é o maior benefício do *feedback*: a partir das informações recebidas, você pode redesenhar sua rota e se manter em curso para produzir os objetivos que deseja.

Foguetes lançados na exploração do espaço são construídos com mecanismos de *feedback* e, por isso, são capazes de monitorar a si mesmos, a fim de seguir a programação e não se desviarem da rota desejada.

A natureza — expressão máxima de perfeição que conhecemos — possui mecanismos de *feedback* que asseguram a continuidade da vida no planeta.

É pelo *feedback* obtido a partir da quantidade de glicose no sangue que o pâncreas recebe a informação da necessidade de fabricar mais ou menos insulina. Assim, pode manter o nível de açúcar no sangue dentro dos padrões necessários para que o indivíduo se mantenha saudável. Uma falha nesse mecanismo acarreta a diabetes, avisando a pessoa da necessidade de receber insulina artificialmente.

Ação e reação

Uma vez que o sentido da sua comunicação é o resultado que você obtém, uma das medidas para ser eficaz é checar se está ou não obtendo os resultados que deseja na sua comunicação.

Em todos os tipos de relacionamento — pessoais, profissionais e familiares — é comum alguém falar ou fazer algo com uma intenção e provocar uma reação contrária à que esperava. Provavelmente, você já quis expressar algo, mas obteve uma reação totalmente diferente da que imaginava obter.

Não adianta querer demonstrar amor e cuidado, se a pessoa a quem sua ação é dirigida não receber suas palavras ou ações como uma expressão de amor. Você pode dar conselhos e tomar cuidados com a pessoa amada como uma forma de demonstrar seu amor. Mas, se ela compreender isso como uma invasão de privacidade, como uma atitude possessiva ou de controle, sua comunicação precisa ser revista, ou você obterá resultados diferentes daqueles que teria obtido caso tivesse conseguido transmitir sua real intenção.

Transformando *feedback* em ação

A partir das informações obtidas com o *feedback*, você pode buscar os recursos de que precisa para obter um desempenho com excelência, seja no âmbito pessoal ou profissional, seja para corrigir falhas, preencher lacunas e o que mais for necessário para atingir seu propósito.

O importante é estar aberto para receber *feedback* e ter as informações para rever seu modo de atuar. Muitas vezes, para conseguir a *per-*

formance desejada, é necessário obter recursos externos. Esses recursos estão disponíveis no mundo e cobrem uma gama imensa e variada de ferramentas.

Pode ser que precise adquirir conhecimentos específicos e que as ferramentas para isso estejam em cursos, livros e seminários. Pode ser que você precise fazer novos contatos para ampliar seu círculo de relacionamentos e fazer contatos no seu mercado específico.

Talvez precise aprender uma língua estrangeira, cuidar da forma física, levantar capital para investimento, tecnologia, um guarda-roupa novo, a contratação de consultoria em diferentes áreas. Tudo o que estiver relacionado com o que você obtém no mundo e com as outras pessoas é o que denominamos recursos externos.

Para que se possa buscar esses recursos externos e aplicá-los bem, quase sempre, é preciso antes acessar os recursos internos.

Um recurso interno está ligado a uma competência emocional que precisa ser adquirida ou aperfeiçoada para que você se torne eficaz. Disciplina, paciência, coragem, determinação, foco, clareza e tolerância são alguns exemplos de habilidades que podem estar faltando para que você alcançar seus objetivos e produzir os resultados que deseja na vida.

As informações que receber com um *feedback* só terão razão de ser se forem utilizadas para o seu crescimento pessoal, tornando-o mais maduro, equilibrado e capaz de completar seus projetos com sucesso.

Feedback intencional

Parte dos atributos da liderança é a capacidade de dar e receber *feedback*, utilizando-o no sucesso das equipes. Um líder precisa desenvolver a habilidade de transmitir para seus pares e subordinados o que tem em mente.

O *feedback* intencional tem o objetivo de oferecer a uma pessoa, ou a muitas, informações que possibilitam uma avaliação do próprio desempenho. Explicita o impacto do que alguém faz ou diz sobre o ambiente e sobre as outras pessoas.

Feedback não-intencional

O *feedback* não-intencional não pretende claramente oferecer retorno sobre algo que alguém diz ou faz. Por não ser intencional, a autenticidade é um das suas características.

Embora não seja dado de forma objetiva, com o objetivo de fornecer informação, esse tipo de *feedback* costuma expressar com absoluta honestidade o modo como o desempenho de uma pessoa está afetando os demais.

Se conseguir manter a neutralidade diante do *feedback* não-intencional, independentemente da forma como o receber, você terá acesso ao que realmente pensam sobre como está lidando com determinado assunto.

Portanto, seja bastante esperto para perceber na expressão corporal do seu interlocutor e nas atitudes das pessoas em relação a você o *feedback* não-intencional que está se apresentando. Um sorriso, a expressão fechada, o tom de voz, os gestos e a respiração dão *feedback* a você sobre situações específicas.

Aceitando o *feedback*

Existem pessoas para quem o *feedback* significa crítica, e isso faz com que evitem qualquer tipo de retorno sobre seus desempenhos.

Outras consideram o *feedback* uma confirmação do seu pouco valor, já que sofrem de baixa auto-estima. Existem aqueles que não aceitam a idéia de ouvir qualquer coisa que possa contrariar a idéia de que são perfeitos. Há os que dizem gostar de *feedback*, mas falam em teoria, pois reagem com extrema suscetibilidade ao que interpretam como qualquer forma de crítica.

O fato é que ao evitar *feedback*, ou não tomar conhecimento dele, perdem-se as melhores oportunidades para aprender o que precisa ser aprendido a fim de alcançar resultados positivos nas diversas áreas da vida.

Você pode aproveitar todo tipo de *feedback* e transformá-lo em ferramenta de crescimento pessoal. Mesmo se ele não for dado com a intenção de cooperar, a informação obtida poderá ser utilizada como ferramenta para seguir o caminho que o conduzirá ao sucesso.

É sempre possível usar as críticas e os comentários negativos como uma forma de rever suas ações e fazer diferente.

Feedback interno

A informação contida no *feedback* interno, em geral, surge na forma de sensações, sentimentos, na qualidade da energia que é gerada por uma atitude, uma decisão, um pensamento.

Existe dentro de cada pessoa um radar capaz de detectar pensamentos, emoções e comportamentos que indicam se você está se aproximando ou se afastando da rota.

A resposta é obtida internamente, seja na forma de um pensamento, uma sensação corporal ou uma emoção, é *feedback*. Basta estar disponível para receber a informação e processá-la.

Quando você toma uma decisão e se sente cheio de energia positiva e paz, o *feedback* que está recebendo é o de que tomou uma boa decisão. Emoções de desconforto, mal-estar ou outras formas de negatividade mostram que sua atitude diante de determinada situação precisa ser reavaliada.

Se, ao voltar para casa depois de um encontro, por exemplo, estiver se sentindo ansioso, incomodado, com baixa energia, é importante levar em consideração o *feedback* recebido. A probabilidade é alta de que aquele relacionamento não seja algo positivo em sua vida.

A habilidade para compreender o que seu corpo, sua mente e suas emoções expressam é fundamental para avaliar se está lidando de modo eficaz com as situações que se apresentam na vida.

Feedback externo

O *feedback* externo é o retorno obtido de outras pessoas, do meio ambiente, do mundo, e que diz respeito aos efeitos produzidos por suas ações. Esse tipo de retorno pode ser extremamente valioso para que você ajuste suas ações, a fim de produzir os resultados que deseja.

O sucesso ou não nas suas entrevistas de emprego, no seu desempenho acadêmico, a forma como os empregados executam suas instruções, a facilidade ou dificuldade em obter a colaboração dos seus pares, colegas ou subordinados, a freqüência com que seus amigos o procuram, seu relacionamento com seus filhos, o modo como o parceiro se comporta no relacionamento, entre outros exemplos, são formas de *feedback* externo.

Ao reconhecer e utilizar o *feedback*, você pode ajustar suas ações até que tenha evidências de que está promovendo as experiências que deseja viver.

Ao contrário do que muitos pensam, o *feedback* na forma de elogio, nem sempre é o que apóia mais a pessoa no sentindo de progredir. A essência está em aprender a utilizar todas as formas de *feedback* como uma oportunidade para aprender e crescer.

Formas de oferecer e de receber *feedback*

A maneira como você oferece *feedback* é tão importante como o modo como o recebe. Da mesma forma que existem formas positivas e negativas para receber *feedback*, existem modos positivos e negativos de oferecer *feedback*.

Por meio do *feedback* honesto, claro e neutro, é possível apoiar outras pessoas, sinalizando os resultados que elas estão produzindo com seus comportamentos. O que cada um faz com isso é uma escolha individual.

A falta de *feedback* é *feedback*

A falta de retorno é uma forma de retorno. Expressa a posição de alguém em relação ao assunto em questão. Muitas vezes, as pessoas preferem comunicar suas escolhas a partir da não-comunicação.

Se alguém ficou de telefonar ou procurá-lo depois de um primeiro encontro e não aparece, atenção. A falta de *feedback* é *feedback*. Ou seja, se a pessoa não cumpriu o combinado nem deu explicação, a informação que está presente é que, por alguma razão, ela não priorizou seu compromisso com você.

Feedback negativo

Não importa o quão negativo possa ser o *feedback*, você pode sempre utilizá-lo de modo positivo.

Deparar-se com comentários sobre suas falhas e imperfeições e usá-los como agentes de transformação é aproveitar a oportunidade para obter benefícios com o *feedback* negativo.

Os seus inimigos dirão a você, sem-cerimônia e com riqueza de comentários, aquilo que seus amigos não diriam jamais. Ouça as críticas e separe a intenção do autor da comunicação do conteúdo daquilo que chegar a você.

Poucas vezes, você teria uma pessoa tão disponível para lhe dizer verdades quanto alguém que não se importa com os seus sentimentos ou com sua felicidade.

Entre em contato com a informação apresentada, faça uma reflexão honesta, avalie o comportamento associado com o *feedback* recebido e perceba o que você pode mudar na sua forma de agir.

Feedback positivo

O *feedback* positivo dá a você informações sobre o que está funcionando. Você poderá usá-lo para se motivar a entrar em ação nas áreas da sua vida que necessitam ser revistas.

Receber retorno positivo sobre a forma como está atuando em relação a algo fortalece sua autoconfiança e aumenta a auto-estima, mostrando que os únicos limites para o aperfeiçoamento pessoal são aqueles que você mesmo impõe.

Use tudo para continuar crescendo e aprendendo. Veja como pode ampliar os efeitos positivos e apoiar outras pessoas nesse processo. Reconheça a si mesmo e desfrute a sensação de estar no caminho certo, usando as ferramentas adequadas e fazendo sua parte para conseguir aquilo que se dispôs alcançar.

Exemplo:

Beatriz achava que ligar para o marido várias vezes por dia e se interessar por sua agenda, querendo acompanhar tudo o que ele fazia, era um jeito de expressar amor. Ela cresceu vendo seus pais fazerem tudo juntos. Donos de uma pequena padaria de bairro, eles se revezavam na administração da casa e do negócio. Não faziam nada sem que o outro soubesse e viviam bem assim.

Ao formar sua família, Beatriz quis reproduzir o relacionamento dos pais, que viveram juntos e felizes por quase 50 anos.

Mas, para Pedro, seu marido, amor era também deixar espaço para o exercício da individualidade do outro. Ele gostava de ter atividades com os amigos e precisava disso para se reequilibrar das pressões do trabalho.

Cada vez que Beatriz ligava querendo saber se ele já tinha chegado ao clube, quem estava lá, a que horas voltaria do jogo etc., Pedro se sentia controlado e se retraía, deixando de ser o homem amoroso que ela gostava.

Ao sentir o afastamento emocional do marido, Beatriz tentava se aproximar mais. E como uma demonstração do que sentia por ele, passou a fazer surpresas, como ir buscá-lo na academia, aparecer na saída do trabalho etc. Ele achava que ela estava sendo controladora e possessiva, e ela não conseguia compreender por que ele estava tão diferente.

Daí para outros desentendimentos foi uma questão de tempo. Beatriz e Pedro interpretavam o que o outro fazia sem dar *feedback* um ao outro.

Até que a situação se tornou insustentável e eles procuraram aconselhamento para casais. Logo nas primeiras sessões descobriram que estavam reagindo à interpretação que faziam do comportamento do outro.

Ao saber como o marido se sentia ao receber tantos telefonemas por dia, Beatriz aprendeu que poderia expressar seu amor sem interferir na liberdade do marido. Pedro, por sua vez, deu-se conta da importância de falar claramente o que sentia diante das atitudes da mulher.

Ambos descobriram que o relacionamento precisa de *feedback* constante para que os parceiros possam medir o impacto do que dizem, fazem e sentem na relação a dois. Dar e receber *feedback* são dois fundamentos dos relacionamentos interpessoais eficazes.

Exemplo:

Theo, um executivo de 32 anos, formado em Harvard, considerado o sucessor natural do CEO da empresa onde trabalhava, descobriu, através do *feedback* não-intencional, que estava criando resistência entre seus pares com seu comportamento arrogante. Consciente do seu valor e acostumado a brilhar, Theo não investia tempo ou atenção para construir bons relacionamentos no trabalho. Sua inteligência financeira e habilidade de comunicação faziam com que fechasse quase todos os contratos estratégicos para sua empresa, causando uma disputa entre ele e os executivos antigos, que se sentiam desprestigiados pelo modo como conduzia suas negociações, sem consultá-los ou levar em conta suas opiniões. Como era excelente e produzia resultados, tinha carta branca para agir como quisesse.

Somente depois de ter sido excluído de diversos eventos sociais organizados pelo departamento em que trabalhava percebeu que havia uma hostilidade em relação a ele. O fato de os colegas não o convidarem para seus programas era um *feedback* não-intencional que continha informações sobre o modo como o viam. Certa vez, sem que o vissem entrar, ouviu duas funcionárias falando sobre ele durante o almoço, no restaurante da empresa. Soube que o consideravam arrogante, pretensioso e que muitos colegas se sentiam desrespeitados por ele.

Theo se deu conta de que precisava rever sua atitude diante dos pares e funcionários. Com apoio de um *coach*, ele desenvolveu competências emocionais que lhe faltavam nos relacionamentos interpessoais e passou a agir de modo diferente. Investiu tempo, atenção e pediu *feedback* humildemente. Seu novo comportamento valorizava as outras pessoas e deixava que elas brilhassem exercendo seus talentos. Theo passou a investir tempo em conversas com os colegas e percebeu que não bastava ter a *expertise* intelectual. Aprendeu a motivar sua equipe, passou a delegar mais, a prestigiar sua equipe, a incentivar todos a aprenderem e a crescerem, tornando-se, então, um verdadeiro líder.

A arte de oferecer e de receber *feedback* é...

- Perguntar "Você me permite fazer algumas observações sobre o modo como eu vejo sua forma de...?" é uma maneira de demonstrar respeito além de deixar clara sua intenção ao dar *feedback*.

- Saber que *feedback* positivo é aquele em que a informação é expressa sem ferir o orgulho do outro. Você pode transmitir sua mensagem sem provocar resistência ou gerar ressentimentos. Todo ser humano responde melhor a estímulos positivos do que a críticas negativas.

▸ Perceber quando seu *feedback* não é desejado e respeitar isso. Esperar pelo momento oportuno é um dos requisitos para a arte de dar e receber *feedback*.

▸ Jamais usar *feedback* para atacar alguém pessoalmente. Fazer isso é uma forma de agressão com o pretexto de dar retorno. As pessoas não são seu comportamento. O fato de alguém ter um comportamento inadequado não faz dele uma pessoa inadequada.

▸ Observar seu corpo e aprender a perceber o que ele diz. Febre, gripe, cansaço constante e outras expressões de desequilíbrio energético podem estar apontando para comportamentos que precisam ser mudados na vida. Considere essas informações e tome uma atitude.

▸ Oferecer *feedback* com intenção clara e positiva de ajudar a outra pes soa. Use uma linguagem adequada e se certifique de que a outra pessoa entendeu sua intenção. A não ser que tenha como finalidade contribuir com o outro, abstenha-se de falar.

▸ Não criticar. Limite-se a informações sobre a forma como você percebe o que aconteceu. Não interprete, seja descritivo e fique com os fatos concretos.

▸ Manter a atenção para não cometer o erro de dar *feedback* subjetivo, comentando o que imagina estar acontecendo.

▸ Demonstrar que você se importa. Relacione suas palavras a comportamentos específicos. Se seu funcionário não tiver cumprido o prazo para completar a tarefa, descreva o que aconteceu e mencione apenas eventos relacionados a isso. Por exemplo: "Nós estabelecemos o prazo máximo para a entrega do relatório no dia 10 desse mês e estamos no dia 13 e você não concluiu a tarefa. As conseqüências do atraso para a empresa serão X". Fale olhando nos olhos e tenha certeza de que o *feedback* ocorre somente entre você e a pessoa em questão.

▸ Pedir informações e detalhes sobre os pontos com os quais está em desacordo antes de sair dando *feedback* negativo indiscriminadamente. Oferecer idéias para que a situação possa ser resolvida. É fácil apontar falhas e defeitos, mas, se não estiver disposto a colaborar, não saia falando mal.

▸ Evitar todo tipo de comentário que diz respeito à pessoa e não ao comportamento em questão.

▸ Manter uma atitude receptiva e desarmada. Fique com o que considerar relevante e pergunte a si próprio de que forma poderá usar essas informações para alcançar seus objetivos.

▸ Saber que você não precisa aceitar *feedback* indiscriminadamente, e poderá recusá-lo sempre que ele não for dado com respeito e como expressão de apoio.

- Não permitir que o orgulho e a vaidade o impeçam de aproveitar o *feedback* para crescer e melhorar.

- Ouvir com atenção e sempre procurar compreender o significado do *feedback*.

- Manter a neutralidade em relação ao *feedback* que recebe. Substitua o impulso de defender ou justificar suas atitudes pela disposição de crescer com ele.

- Checar o *feedback* obtido e considerar somente o que reconhecer como verdadeiro.

- Mudar o que estiver fazendo sempre que necessário para poder seguir na direção dos seus objetivos.

- Mostrar apreciação e reconhecimento pela pessoa que traz *feedback* para você. Só alguém que se importa o bastante faz isso.

Capítulo 28

Dar e receber: polaridades da mesma energia

"É uma das mais belas compensações desta vida: nenhum homem pode sinceramente tentar ajudar outro, sem ajudar a si mesmo."

Ralph Waldo Emerson

"Não é o quanto fazemos, mas quanto amor colocamos no que fazemos. Não é o quanto damos, mas quanto amor colocamos no ato de dar."

Madre Teresa de Calcutá

> "O maior bem que você pode fazer para os outros
> não é apenas compartilhar suas riquezas,
> mas revelar a eles suas próprias riquezas."
>
> *Benjamin Disraeli*

Estamos continuamente dando e recebendo. Enquanto há vida, os pulmões recebem oxigênio e liberam gás carbônico. Ao se doar para a terra, a semente recebe energia vital através dos nutrientes do solo e se transforma na planta que doa o alimento que nutre a vida.

Observamos essa infinita cadeia de trocas dinâmicas no mundo visível e no invisível.

Ao se unirem, os átomos formam as substâncias que dão forma à vida material, pois o corpo humano, a casa, o carro e o dinheiro são diferentes expressões da energia vital que se condensa e se materializa em diferentes freqüências e densidades. A interrupção dessa troca dinâmica representa a morte.

A natureza é abundante e os suprimentos estão disponíveis para quem se sintonizar com o ciclo do dar e do receber.

A intenção atrás do dar e do receber

Dar e receber são polaridades de uma mesma energia. Essa energia é colocada em movimento através da intenção. É o propósito atrás do dar e do receber que define a forma como ela se manifesta.

Dar esperando receber algo em troca não é estar envolvido no ato de doar. Pode-se chamar a isso de negociação, troca, estratégia, mas não doação. Quem dá de coração sente felicidade ao doar, e essa é sua recompensa.

Do mesmo modo, quem recebe com restrições, engolindo o orgulho, ou sentindo-se superior àquele que dá, ou ainda fazendo algum tipo de julgamento sobre o doador, não está recebendo verdadeiramente. Se, ao receber, se sentir em dívida, diminuído ou desconfortável, não está recebendo. Ou seja, está envolvido em outro processo, semelhante ao que falamos anteriormente, e que pode ser chamado de negociação, troca, estratégia, manipulação etc.

Receber é aceitar amorosamente o que lhe é oferecido a partir do coração.

Bloqueios no fluxo do dar e receber

Se você estiver sofrendo algum bloqueio em relação ao dar e receber na vida, observe o modo como vem se relacionando com essa energia e descobrirá o que está impedindo que ela flua.

Existem pessoas que dão em detrimento de si próprias, deixando de cuidar de si mesmas. Assim, criam e manifestam desequilíbrio em sua experiência. Antes de dar para alguém, e preciso dar a si próprio o cuidado, o amor e a atenção de que precisa.

Há os que querem receber sempre e têm dificuldade para dar. Colocam-se na posição da criança que espera que tudo venha a ela. Vivem na ilusão de que é possível receber incessantemente sem alimentar a outra ponta da corrente. Depois se ressentem quando o mundo não corresponde a suas expectativas.

Não dão por medo de não ter o suficiente e empobrecem suas vidas. Pessoas assim, em geral, se trancam para o mundo e experimentam dificuldades nos relacionamentos com as outras pessoas.

Você está conectado com a abundância ou com a escassez?

Quem espera receber do mundo e das outras pessoas aquilo que pode dar a si próprio, está se colocando numa posição de carência. Da mesma forma, os que gostam de dar exageradamente e que não sabem receber promovem desequilíbrio em suas vidas.

Os primeiros, aqueles que acreditam não ter nada para dar e só pensam em receber, vivem conectados com a escassez. A consciência de escassez promove a falta do que se quer, sejam valores emocionais ou materiais. Se alguém se considera tão vazio a ponto de não ter nada para oferecer, acaba por se isolar na pobreza interior, onde permanecerá até se abrir para compartilhar.

Em contrapartida, os que só dão todo o tempo, também duvidam do próprio valor e se isolam do mundo, operando apenas de um lado do circuito do dar e receber. Dar demasiadamente expressa carência e dificuldade de estar em contato com o outro. Esse excesso de uma aparente generosidade tem a ver com a escassez, tanto quanto aqueles que só querem receber.

Deixando a energia fluir

Para que a energia flua é preciso entrar em movimento. Se desejar receber, comece a dar, e semeará a colheita que deseja. O universo corresponde à intenção atrás do dar e do receber e devolve a cada um segundo a natureza do que estiver presente.

Quanto mais você é capaz de dar, maior se torna sua capacidade de receber. Quando flui com naturalidade entre o dar e o receber, a abundância tem início dentro de você e passa a ser parte da sua vida.

Bertrand Russel, grande filósofo e matemático, disse em sua autobiografia que quanto mais se dava ao estudo da matemática, mais a matemática revelava seus segredos a ele.

Quanto mais expressar amor e apoiar aqueles com quem estiver em contato, mais amor receberá em troca. E quando necessitar de apoio, este surgirá, seja de onde for.

Ao estar sintonizado com o suprimento infinito do universo, vovê passa a atrair para si as coisas que deseja. Nos relacionamentos, na profissão, nos esportes, em qualquer aspecto da vida, o universo multiplica aquilo que oferecemos de nós.

O dinheiro, moeda de troca, símbolo dessa energia vital, é apenas um aspecto da abundância manifestada. A consciência da abundância faz com que suas reservas transbordem e seus celeiros não parem de se encher.

A consciência da escassez

A consciência da escassez gera o medo da falta. Isso faz com que a pessoa se mantenha à parte do fluxo do dar e receber, pois o temor de não ter o suficiente, ou de perder o que possui, a paralisa.

Para sair da escassez e promover a abundância é preciso se abrir para dar. Não é necessário nenhum movimento externo, tudo começa com sua atitude interna.

A consciência da abundância

Dar aquilo que se deseja receber coloca em movimento a lei da abundância. Não é por acaso que nos livros sagrados, do Oriente ao Ocidente, está escrito de diferentes maneiras que é dando que se recebe.

Se desejar ter dinheiro, dê dinheiro. As biografias e entrevistas feitas com os homens mais ricos do mundo mostram que eles devolvem à fonte de seu suprimento — o universo — parte daquilo que recebem.

Seja contribuindo com entidades beneficentes, oferecendo algo para as pessoas com quem convive, colaborando com quem necessita, ou presenteando, o dinheiro doado segue seu curso, abrindo espaço para a entrada de mais dinheiro.

Quem nunca ouviu falar que dar roupas velhas, que não se usa há mais de um ano, é uma forma de abrir espaço para roupas novas e novas aquisições materiais?

Pessoas que querem guardar o dinheiro com o objetivo de acumulá-lo afastam-se da corrente da abundância e vivem vidas pobres, não importa o quanto possuem nos bancos.

Em contrapartida, quem é rico não tem medo de compartilhar aquilo que tem, porque sabe que a fonte da riqueza é infinita. E quanto mais dá, mais obtém.

Nem sempre a doação precisa ser algo material.

Todo mundo pode dar de si, oferecendo algo de bom a cada pessoa com quem estiver em contato, contribuindo para o bem-estar do próximo.

Você pode dar compreensão, apoio, uma palavra amiga, uma flor, uma concha encontrada na praia, uma peça de roupa, um prato de comida, um copo de água, uma esperança, um sorriso, um gesto afetuoso, uma orientação, o silêncio diante de uma provocação, o perdão, uma ajuda nas tarefas domésticas, uma gorjeta envolvida na vibração da amizade, um trabalho voluntário, a paciência.

Não é preciso sonhar com a lâmpada do gênio ou com a varinha de condão. Tudo o que tem de fazer é abrir o coração para o fluxo das trocas dinâmicas do universo e fluir com ele.

Exemplo:

Isolda é a típica supermãe. Dona de casa por convicção, acredita que o destino da mulher é ser esposa, mãe e dona de casa. Não há um dia em que não esteja disponível para resolver problemas de filhos, noras, genros, netos, irmãos e sobrinhos. Como é do tipo econômica, que raramente compra algo para si, é a ela que todos recorrem quando precisam de dinheiro. Isolda não só ajuda, como adora presentear a todos.

Os netos acostumaram-se a aparecer com uma turma para almoço e jantar, sem avisar, certos de que seriam atendidos como num restaurante de primeira linha. Ela adora satisfazer as preferências de cada um e é capaz de rodar vários supermercados até encontrar a marca de geléia preferida de um ou o queijo de outro. Deixa de fazer qualquer coisa para atender um pedido. Os que a conhecem não hesitam em considerá-la um exemplo de generosidade.

O que não se percebe à primeira vista, entretanto, é que ao dar demais sua intenção é manipular.

Afinal, quem pensaria em magoar ou em se opor à vontade de uma pessoa tão dedicada e disposta a dar tudo o que tem para a família? Deste modo, satisfazendo caprichos e tapando buracos financeiros ocasionados, muitas vezes, pela irresponsabilidade dos filhos, ela manda em toda a família. Depois que ficou viúva, sua tirania acentuou-se, sob a fantasia da generosidade.

Isolda interfere na vida particular de todos, implica com os que ousam questionar o compromisso quase religioso dos almoços aos domingos em sua casa. Ela também interfere nas carreiras escolhidas pelos netos, nos imóveis que alugam ou compram e em tudo mais.

Disfarçada na pele de uma fada-madrinha que a todos protege, exerce confortavelmente o papel de tirana.

Na verdade, é um exemplo de alguém com consciência de escassez, que faz qualquer negócio para escapar à própria carência, submetendo a família ao satisfazer suas necessidades e caprichos.

Exemplo:

A história de Dora é um exemplo disso. Ela passou de uma vida de restrições para outra, de conforto e facilidades, a partir da consciência da abundância.

Ao chegar ao Rio de Janeiro, atraída pela beleza da cidade, Dora trazia muitos sonhos e dinheiro suficiente para sobreviver dois meses. Queria estudar fisioterapia e trabalhar em um grande hospital. Nascida e criada numa cidade no interior do Espírito Santo, tinha 22 anos quando desceu na rodoviária com o endereço de uma senhora que alugava quartos em Copacabana.

Logo encontrou trabalho como acompanhante de uma senhora de idade que vivia com a filha e o marido. Embora nem sempre pudesse fazer mais do que as três refeições, Dora sentia-se privilegiada pela oportunidade de realizar seu sonho. Arrumou seu quartinho nos fundos do apartamento com tanto gosto e habilidade que a proprietária pediu que fizesse o mesmo nos outros quartos, que foram valorizados e alugados por um preço melhor. Com o dinheiro que ganhou, Dora comprou apostilas para estudar para o vestibular.

Um mergulho na praia, um sorvete, brincar com os cachorros que andavam na rua, tudo a encantava e a distraía. Quando a senhora de quem cuidava adoeceu, Dora dedicou-se de coração. Fez por ela como se fosse alguém da sua família, sem esperar nada em troca.

Quem observasse aquela moça simples, quase sem nada, se surpreendia ao constatar que ela se sentia rica e feliz. Logo passou a ser convidada para as festas de família da proprietária do apartamento onde morava. Fez amizades na praia, na casa dos patrões, na igreja, a tal ponto que logo não dava conta dos convites que recebia.

Onze meses depois entrou para a faculdade e começou o curso de fisioterapia, estudando e trabalhando. Não importava quão ocupada estivesse, não perdia uma oportunidade de ajudar a todos com quem convivia.

Assim, passaram-se os primeiros anos. A família da senhora de quem cuidava já gostava dela como uma filha quando a senhora faleceu, aos 92 anos, deixando uma quitinete como agradecimento pelos cuidados de Dora. Pouco depois, ela se formou e começou a trabalhar como fisioterapeuta num hospital. Começou a namorar um médico e aos 27 anos ficou noiva, casando-se meses depois. A festa do casamento foi presente da família da senhora a quem tanto se dedicara.

Ao dar o seu melhor onde quer que estivesse, agradecida pelo que tinha, a cada momento, Dora atraiu para si, na forma de amor, riquezas, realizações e a abundância externa que refletia sua consciência.

Estar conectado com a abundância é...

▸ Observar a natureza e perceber a infinita riqueza do universo em uma flor, uma nuvem, uma onda do mar.

▸ Reconhecer todas as bênçãos que estão presentes e ser grato por elas. Uma das formas de fazer isso é escrever diariamente num caderno todas as coisas pelas quais você está agradecido.

▸ Saber olhar o lado positivo das coisas. Isso faz com que se veja o copo sempre meio cheio ao invés de meio vazio.

▸ Fazer trabalho voluntário, contribuindo com pessoas que têm menos que você e que precisam do seu tempo e dos seus recursos. Se fizer de coração, descobrirá que quem mais recebe é você.

► Concentrar-se, em todas as circunstâncias, nas possibilidades presentes, em vez de focar nas dificuldades.

► Dar aquilo que você deseja receber. Se você quer dinheiro, dê dinheiro para quem precisa. Não importa a quantia, mas a intenção que está presente.

► Perdoar a si mesmo pelos seus julgamentos e deixar sair a energia aprisionada pelo ressentimento. Ao se perdoar você se revitaliza e traz o ar fresco para sua vida.

► Acreditar no seu sonho e fazer sua parte, confiando que no momento certo a oportunidade se revelará.

► Despertar o entusiasmo daqueles de quem espera colaboração, mostrando reconhecimento e apreciação pelo que eles são. Faça um elogio, aprecie as qualidades da pessoa e terá alguém disposto a vestir a camisa da sua causa.

Capítulo 29

Conexão espiritual: espiritualidade no dia-a-dia

"Nós não somos seres humanos passando por uma experiência espiritual, mas seres espirituais passando por uma experiência humana."

Theillard de Chardin

“Na longa jornada da vida humana, a fé
é a melhor das companhias, é o melhor refresco
na viagem e é a maior das propriedades.”

Buda

> "Tudo o que você quer ser, você já é. Tudo o que tem a fazer é mover sua consciência e reconhecer a realidade da sua própria alma."
>
> *John-Roger*

Se a espiritualidade não tivesse aplicação prática não haveria sentido em despertar a consciência espiritual e se manter alinhado com ela.

De fato, a espiritualidade não é algo separado da vida diária, uma atividade, entre outras, a ser enquadrada na agenda.

A teoria do caos, formulada pelo meteorologista Edward Lorenz, diz que o bater de asas de uma borboleta no Brasil pode causar um tornado no Texas. A verdade é que estamos conectados, participando de uma rede infinita de causas e efeitos. Um só pensamento, palavra e gesto que alguém tem influem no destino da humanidade.

Cada pessoa recebe a chave da vida dentro do seu coração, embora a maioria passe a vida procurando-a do lado de fora. Por isso, tantas pessoas correm sem sucesso em busca do que esteve todo o tempo dentro de si. A falta de conexão com o ser verdadeiro gera desejos que jamais poderão ser satisfeitos.

Conexão espiritual

Viver conectado espiritualmente é manter a consciência alinhada em todos nos níveis: físico, emocional, mental e espiritual. É ter consciência de que somos seres multidimensionais, com canais de comunicação que funcionam além dos sentidos físicos.

Ao ingressar nessa consciência você compreende que a única forma de mudar a vida é mudando a si mesmo. E que precisa manter a atenção constante para não se distrair no caminho e se perder do seu propósito. Então, apoderando-se da sua herança humana, empunhando a espada do coração, pode se tornar dono do próprio destino.

Você sabe que está vivendo espiritualmente quando a alegria, o entusiasmo e o amor fluem espontaneamente e você se sente leve e confiante.

Mesmo nos momentos difíceis, em que os desafios do crescimento se apresentam, ganha a força necessária para superar todos os obstáculos.

Espiritualidade no dia-a-dia é saber dizer sim e dizer não. Sem medo de buscar o próprio caminho, libertando a si e ao outro, quando essa é a melhor escolha.

É descobrir que a inteligência infinita do universo está presente em seu interior e perceber que você tem tudo o que precisa para ser feliz.

A força do amor

Quando o homem enfrenta seu destino com coragem, abandonando a armadura do ego, pode romper as defesas que o separam do seu próximo. E, ao olhar o mundo através dos olhos espirituais, descobre que a força que rege o universo, a energia fundamental da vida, a cura para os desequilíbrios é o amor.

Espiritualidade no dia-a-dia é deixar que o amor o guie.

Quando o amor guia sua vida, você deixa de viver no ego e abandona o senso de auto-importância que mantém a ilusão da separação.

Como só se pode dar aquilo que se tem, o amor pelo outro tem como pré-requisito o amor por si próprio. Amar a si mesmo é, portanto, a primeira das atitudes espirituais que se pode ter.

A consciência espiritual iguala todos os seres em sua essência, mostrando que ninguém é melhor ou pior do que ninguém, mas companheiros de experiência no planeta. Ao buscar a luz em cada ser com quem entra em contato, você se conecta com o amor.

Esse olhar amoroso vai se estender sobre cada pessoa com a qual entrar em contato. E você passa a cuidar das suas ações como um jardineiro cuida das sementes plantadas em seu jardim.

Perdoar, apoiar e compartilhar são verbos que saem do dicionário para entrar na sua prática.

Quando o amor flui, você se sente grato pela vida e por todas as suas experiências, principalmente as difíceis, aquelas que exigem muito de você, mas que contêm as grandes oportunidades.

Aqueles que não estiverem em sintonia simplesmente se afastarão. É importante deixá-los ir, sem julgamentos ou exigências.

O ponto de vista amoroso não julga, não quer mudar o outro, mas aceita cada pessoa como ela é.

Espiritualidade e autoconhecimento

O mundo funciona como um espelho que reflete de volta aquilo que cada um traz dentro de si. O seu mundo interno, portanto, é a matriz a partir da qual você cria suas experiências.

Ao ignorar a necessidade de olhar para dentro, você se mantém separado do seu centro, perdendo a oportunidade de criar sua vida. E quem não é autor da sua história vive de forma reativa, buscando a aprovação e a aceitação dos outros como uma confirmação do seu valor.

O autoconhecimento é o caminho mágico da conexão com quem você verdadeiramente é.

Conhecer a si mesmo o torna uma pessoa melhor, mais capaz de olhar para o outro com generosidade e compaixão. Este é o princípio da atitude espiritual

Por meio da espiritualidade você se dá conta de que a vida acontece em várias dimensões. Essa consciência só se torna acessível pelo caminho interior.

Espiritualidade é abundância

Muitas pessoas descartam a idéia da espiritualidade, temendo que ao se tornarem espirituais tenham de abrir mão dos prazeres do mundo.

Elas compartilham a idéia estereotipada do homem espiritual como alguém alienado do mundo, meditando numa montanha, encerrado em comunidades místicas, vivendo na pobreza e na escassez.

Na Terra, entretanto, as necessidades materiais concentram os esforços do homem que não quer apenas sobreviver, mas desfrutar o conforto e as atrações disponíveis para consumo.

O desejo de ter mais pode ser um incentivo para ser mais, já que o dinheiro não é bom nem ruim, mas a energia de troca que movimenta o mundo.

A espiritualidade vivida plenamente significa abundância em todos os níveis. Saúde, riqueza, alegria e prosperidade surgem como reflexo da atitude interior de estar alinhado com o Espírito, com Deus, com a inteligência infinita do universo.

O ser espiritual pode viver no mundo desfrutando todas as coisas boas, mantendo a consciência de sua essência. Sem preconceitos e sem ilusões, porque vive no aqui e no agora e se alimenta da energia do amor.

Exemplo:

Alex não tinha religião, não freqüentava nenhum tipo de grupo espiritual nem se preocupava com isso. Seu trabalho absorvia grande parte do seu tempo útil. Quando não estava trabalhando, jogava futebol, brincava com os filhos pequenos e se dedicava a um projeto comunitário que ensinava informática aos jovens da periferia de são Paulo.

Seu pai tinha sido militante socialista na juventude e se considerava agnóstico. Sem falar em Deus ou em religião, ensinou ao filho valores como honestidade, amor, lealdade e contribuição.

Desde pequeno, Alex aprendeu a importância de ajudar o próximo e a tratar a todos com respeito, valorizando o lado bom de toda criatura sem julgar nem se deter nas suas limitações.

Quando casou com Juliana, os dois concordaram que desejavam fazer uma diferença na vida das pessoas. Assim, se integraram ao projeto social do qual participavam.

Alex gostava de levar a família para passeios junto à natureza e, muitas vezes, meditava sobre a perfeição de uma flor, um arco-íris, uma gota de chuva, incentivando seus filhos a refletirem sobre a beleza. Havia uma combinação na família: a cada dia um faria uma boa ação para alguém, não importava quem fosse. E, depois, compartilhavam a alegria de ajudar. Parte do ritual de lazer com as crianças constava de celebrações da vida em que faziam festas e dançavam na casa enfeitada com desenhos, balões coloridos, música e uma mesa com guloseimas que dividiam com os amigos.

A vida de Alex, Juliana e os filhos era harmoniosa e repleta de entusiasmo, apresentando novas e constantes oportunidades que os conhecidos chamavam de sorte.

Os que se dedicavam a uma religião ou a um movimento espiritual reconheciam que, mesmo sem saber, Alex e a família praticavam o que tantos apenas pregavam na teoria. Eram pessoas amorosas e acolhedoras que praticavam a regra de ouro e faziam aos outros aquilo que gostariam que fizessem a eles.

Não viviam em torno dos seus assuntos ou necessidades, mas compartilhavam o que tinham e, mais do que isso, apoiavam aqueles com quem conviviam a crescerem e tornarem-se mais felizes. Alex e sua família viviam a espiritualidade dia a dia pelo Amor com que dirigiam suas vidas.

Espiritualidade no dia-a-dia é...

- Saber que aquilo que você emite através dos pensamentos, palavras e atos volta para você. Faça sua parte e entregue o resto para o universo. Cada um recebe aquilo que dá de si, portanto, dê aquilo que desejar receber.

- Perguntar a si mesmo antes de responder ou agir em qualquer situação: o que eu faria se deixasse o amor me guiar?

- Observar a natureza e entrar em sintonia com seu ritmo. Olhe, ouça, sinta o que está à sua volta e abra seu coração para as mensagens que ela lhe dá.

- Meditar regularmente, como parte das suas atividades cotidianas. Comece com dez minutos por dia e vá aumentando até seu limite. A meditação mantém a conexão com o seu centro, onde se encontram as respostas que procura.

▸ Perdoar, abençoar e deixar seguir qualquer pessoa que tenha dito ou feito algo contra você. Simplesmente deixar ir, qualquer que tenha sido o mal. Isso o libera do rancor e do ressentimento, impedindo que entre numa sintonia negativa.

▸ Não levar para o lado pessoal o que os outros fazem. Cada um faz o que faz por razões pessoais que não têm nada a ver com você. Fique com aquilo que for bom. Só não tome as coisas pessoalmente. Pessoas que se consideram o centro do universo e reagem a tudo o que os outros fazem ou dizem estão ligadas ao ego e não ao espírito.

▸ Não ter vergonha ou medo de pedir perdão sempre que se der conta que errou. Crie oportunidades para ficar bem com todas as pessoas que passaram por sua vida.

▸ Fazer agora todo o bem que puder. O universo funciona como um espelho e reflete de volta aquilo que fazemos. Quando ajudamos alguém estamos, na verdade, ajudando a nós mesmos. Faça por aqueles que não poderão retribuir seu gesto. O Bem é o amor em movimento e não pede nada como retorno, pois sua recompensa está no próprio ato de se doar.

▸ Cultivar bons pensamentos, andar em boa companhia, ser grato pela vida que tem e viver o amor são fundamentos da espiritualidade.

Capítulo 30

Não desista dos seus sonhos

"Saber não é o bastante. Ter boa vontade não é o suficiente. Precisamos fazer."

Goethe

"O futuro pertence àqueles que acreditam na beleza de seus sonhos."

Eleanor Roosevelt

"A fé é a substância daquilo que se espera,
a evidência das coisas ainda não vistas."

Paulo, 1 Epístola aos Coríntios

O que faz com que uma pessoa abra mão dos seus sonhos? Por que, sem nem ao menos tentar, tanta gente deixa de lado a inspiração do desejo que vem do coração para viver à sombra da pessoa que poderia ter-se tornado, se não tivesse desistido?

Seguir pela vida aceitando menos do que você merece é desconhecer o próprio valor. Isso ocorre quando não está conectado com o seu propósito de vida.

Você pode escolher estar no comando da sua vida ou deixar que as circunstâncias à sua volta comandem seu destino. Você pode ter um sonho e persegui-lo até fazer dele realidade. Você pode escolher não escolher. Seja qual for sua decisão, uma única pessoa é responsável pelas conseqüências da sua escolha: você.

O sonho que vem do coração

É importante diferenciar o sonho verdadeiro, a inspiração que vem do coração, que está conectada com o seu verdadeiro ser, da ilusão do sonho ligado ao ego; o falso sonho que representa o desejo de satisfazer a vaidade, o orgulho, o desejo de poder.

O sonho real é aquele que representa a realização do potencial de uma pessoa, que está alinhado com os seus valores fundamentais e contém a essência do seu propósito de vida.

Um sonho autêntico nunca surge do acaso. Ele está ligado aos seus talentos e à contribuição que você tem para dar ao mundo.

Tudo aquilo que precisar para torná-lo real chegará a você, pois a inteligência infinita do universo apóia a ousadia dos que buscam realizar seus sonhos.

Não jogue fora seus sonhos

Às vezes, o que bloqueia a concretização do sonho é o medo do fracasso. Como o medo atrai justamente aquilo que se teme, você pode terminar provocando aquilo que desejaria evitar. Invista em crenças fortalecedoras em vez de se entregar à dúvida e ao medo.

Ao desistir dos seus sonhos, milhares de pessoas levam pela vida o peso de não ter feito por si aquilo que poderiam.

Pessoas que desistem dos seus sonhos e aceitam vidas insatisfatórias acabam com a sensação de que não viveram nada que realmente valesse a pena. Porque o que dá sentido à vida é a luz que brilha no interior de cada um e que precisa se expandir no mundo, contribuindo para iluminar o caminho da humanidade.

Pode ser que os seus sonhos precisem ser reajustados durante o caminho.

Mas isso não significa que esteja desistindo deles, apenas você irá adequá-los à pessoa que você se tornou. Encontrar alternativas para realizar seu sonho é se manter fiel à sua essência, porque a forma que alguém dá ao seu sonho não importa tanto, uma vez que ele possa ser expresso naquilo que se faz.

Aos 60 anos você não irá se tornar uma bailarina, uma modelo ou um jogador de futebol profissional. Mas, se descobrir qual é a experiência que buscava com seu sonho, poderá formatá-lo de outro modo.

O sonho de ser um jogador de futebol, por exemplo, é muito mais do que estar em campo defendendo as cores de um time. Jogar futebol pode ser a forma que alguém busca para viver a experiência de trabalhar em equipe, vencer desafios, divertir-se, ter reconhecimento público, ser admirado, viajar.

E se, aos 60 anos, você não tem o perfil para disputar uma vaga na seleção, pode dar outra forma ao sonho de viver as experiências que deseja ter.

Realizar seu sonho pode ser a sua melhor contribuição. Cada vez que alguém persegue seu sonho e o realiza, está contribuindo para a felicidade de toda a humanidade. E cada vez que alguém desiste do seu sonho, enfraquece a humanidade.

Seu sonho é seu tesouro

Cuide do seu sonho como o seu tesouro. Ele poderá conduzi-lo a uma vida de realizações, alegria, abundância e entusiasmo se souber honrar essa voz que fala dentro de você e aponta o caminho.

Uma breve reflexão sobre as vidas das pessoas que se destacaram na história da humanidade mostra que elas viveram vidas inspiradas por seus sonhos.

Apesar das dificuldades de todos os tipos, das aparentes desvantagens pessoais, dos obstáculos, elas mantiveram o foco no sonho, recusando-se a aceitar aquilo que o mundo chama de fracasso.

Prosseguiram, aprendendo com os erros, mudando de estratégia ao perceber o que não estava funcionando, encontrando alternativas, persistindo, mesmo quando não havia ainda sinais visíveis da vitória.

Seguiram desfrutando do caminho, usufruindo as lições e o aprendizado, mantendo vivo o sentimento de estarem honrando a si próprios. E isso lhes dava força para continuar, a despeito de todas as dificuldades, até chegarem ao objetivo.

Dedique-se ao seu sonho

Você já tem dentro de você tudo o que precisa para transformar seu sonho em realidade. Quanto mais você se dedicar ao seu sonho, mais o seu sonho se aproximará de você.

Porque, quanto mais você se dedica a alguma coisa, mais aquilo se torna presente em sua vida.

O estado da arte, aquele em que o que você faz flui quase como um milagre, sem que o tempo pareça passar, acontece cada vez que alguém realiza algo que faz parte do seu sonho. Ao buscar seu sonho com todo o seu ser, você entra em sintonia com a sabedoria infinita do universo.

Dedicando-se ao seu sonho você persevera, faz, supera, alcança, não importa o que os outros digam, ou os obstáculos que surgem. Você segue a voz do seu coração.

Os limites estão em você

O único limite é acreditar que existem limites, porque, na verdade, não há limites para o que uma pessoa pode ser ou fazer.

É no plano invisível que as forças criativas do universo se colocam em movimento e cada um traz dentro de si as ferramentas para exercer seu poder criador.

Pessoas comuns superam limitações e fazem dos obstáculos uma nova forma de realizar sonhos.

Quantos exemplos existem de atletas e artistas famosos que, ao sofrerem um acidente ou uma doença grave, descobriram que seu sonho estava apenas começando. Quantos transformaram a vida de milhares de pessoas, utilizando a fama e a mídia para promover uma nova consciência no mundo e angariar apoio e dinheiro para suas causas. Ao fazerem isso, descobriram-se vivendo seu sonho, ainda que seus corpos não pudessem fazer o que antes podiam.

Porque querer é poder

Quando você quer algo, verdadeiramente, o poder para conseguir o que deseja lhe é dado. As pessoas e as oportunidades que podem ajudá-lo são atraídas para a sua vida.

Circunstâncias favoráveis se apresentam no momento certo, no lugar certo, com as pessoas certas, numa conjunção feliz entre o desejo e sua realização. Isso acontece porque a realização de cada sonho já se encontra no universo, em estado potencial.

Tudo o que precisa fazer é seguir a luz que indica o caminho e que se torna visível à medida que você se conecta com sua verdade e assume a responsabilidade pela realização do seu potencial de felicidade. O sonho é a expressão clara da essência desse potencial.

Cabe ao sonhador concretizar o que existe como possibilidade, em estado latente. Assim como o óvulo fecundado já contém o novo ser, o sonho movido pela ação, sob o impulso da crença na sua realização, termina por se concretizar no mundo físico.

Cada passo dado faz com que você siga adiante.

Não importa quão distante seu momento atual esteja do seu sonho. Dê o primeiro passo e siga, concentrando-se no momento presente. Sonhos se tornam tangíveis quando você se prepara para torná-los realidade.

Mantendo a sintonia

Os pensamentos podem ser percebidos como formas de energia eletromagnética que se irradiam de você e atraem de volta pessoas cujos pensamentos estão em sintonia com os seus. Por isso é tão importante manter o pensamento elevado. Ande em companhia de pensamentos de vitória, cerque-se de pessoas vitoriosas ou que estejam em busca dos seus objetivos com determinação.

Ao se deixar envolver em conversas negativas sintonizadas com o desânimo e o pessimismo, você entra na mesma corrente mental e termina por provocar acontecimentos desastrosos na própria vida.

Mantenha distância dos que acreditam que o mundo é difícil, que é tarde para realizar sonhos, que a situação econômica é a causa da sua insatisfação profissional, que relacionamentos amorosos felizes não existem, que a violência está tomando conta de tudo, que...

Não se trata de negar fatos ou ignorar a realidade, mas de manter a atitude positiva diante dos acontecimentos negativos. É sempre possível ser positivo a respeito de qualquer coisa.

A realidade pode ser interpretada de maneiras diversas. Cada pessoa no planeta tem uma forma particular de perceber o que acontece no mundo externo. Se você vai interpretar algo, por que não fazer isso de forma positiva?

Em vez de se deixar contaminar por uma onda derrotista, pergunte a si mesmo diante de todas as situações: O que eu posso fazer para aprender e crescer com isso? De que forma isso que está ocorrendo pode contribuir para a minha felicidade e a felicidade dos demais?

Amir Klink tinha o sonho de chegar à Antártica navegando sozinho. Acreditou no seu sonho, preparou-se para empreender a aventura e realizou-a. Lya Luft já escrevia e era conhecida do público. Mas foi depois dos 60 anos que se tornou autora de *best-sellers* e deu início a uma bem-sucedida carreira de palestrante. Abrahan Lincoln, apesar da infância pobre e de sucessivas derrotas para se eleger como deputado e senador, tornou-se presidente dos Estados Unidos da América.

Você poderá realizar seu sonho se estiver disposto a empreender a aventura da vida com o coração aberto e a mente receptiva aos sinais do universo. Porque, onde existe um desejo, existe sua realização em estado puro.

Exemplo:

Desde pequeno, Maurício podia passar horas desenhando sem tomar conhecimento do que se passava à sua volta. Desenhava pessoas, paisagens, cidades imaginárias, heróis criados por sua imaginação. Na escola, enquanto os colegas mudavam de idéia toda hora, sem se decidir por uma profissão, Maurício não tinha dúvida: iria cursar desenho industrial e se especializar em animação para cinema.

Seu sonho era trabalhar em uma empresa de criação de desenhos animados. Aos 17 anos começou a cursar a faculdade, decidido a aprender o máximo que pudesse. Os professores detectaram um talento raro naquele no menino tímido e feio, que quase não tinha amigos. Quando iniciou o segundo ano, o pai perdeu o emprego e a mãe piorou de saúde, precisando de tratamento intensivo. Maurício deixou a faculdade para trabalhar como vendedor numa loja de eletrodomésticos. Durante o desemprego do pai, era o salário dele que sustentava a família. À noite, ele fazia trabalhos de digitação em casa, além de ajudar os irmãos mais novos com o dever da escola.

Dos 18 aos 21 anos, não teve tempo para se divertir ou fazer amigos. As garotas o rejeitavam por causa das suas orelhas de abano, nariz grande e pele com marcas de acne, sem falar dos dentes desalinhados.

Quando o pai conseguiu um novo emprego como gerente de um supermercado, sua mãe já havia recuperado a saúde. Foi ela quem o incentivou a participar de um concurso feito por um programa de televisão que selecionava candidatos a uma cirurgia plástica gratuita. Maurício sonhava em mudar a aparência. Mesmo diante do grande número de concorrentes, ele se inscreveu no programa. Sua vontade era tão grande que, de algum modo, deve ter influenciado a decisão dos que o escolheram entre centenas de outros. Nos três meses que permaneceu na casa onde o programa o colocou durante a recuperação, Maurício passou o tempo desenhando. Toda a produção e os médicos se impressionaram com seus desenhos e souberam da sua história.

Ao voltar para casa, com a aparência finalmente atraente, as orelhas corrigidas, dentes recuperados, nariz em harmonia com seus traços, ele se viu com novos olhos. O espelho agora refletia um jovem sorridente com olhos claros e expressão franca. Maurício sentia-se capaz de tudo o que queria.

Foi à faculdade e entrou com um pedido de bolsa de estudo que logo foi aprovado. Algum tempo depois, através de um *e-mail*, teve a maior das surpresas. Sem que Maurício soubesse, um produtor enviara seus trabalhos para um estúdio de cinema em Los Angeles, sem falar nada com ele para evitar uma possível decepção. O sonho de Maurício, pouco a pouco, transformou-se em realidade. Ele recebeu um convite para fazer um estágio de seis meses na empresa de animação. Maurício tinha o inglês básico, mas mergulhou em aulas para aperfeiçoar a fluência nessa língua, preparando-se para voar até seu sonho.

Terminado o ano letivo, despediu-se dos pais e dos irmãos e foi ao encontro do que desejava. Alguns anos depois, contratado pela empresa, casou com uma americana, ilustradora de livros infantis, e ganhou o *green card*. Sua história mostra a sincronicidade de eventos que colaboram para a realização do sonho real, aquele que vem do coração.

Honrar seu sonho é...

▸ Guardá-lo como o seu tesouro precioso, falando dele apenas com aquelas pessoas especiais que o amam e apóiam sua felicidade. Ao compartilhar um sonho indiscriminadamente, algumas pessoas vão querer provar que seu desejo é muito difícil, é loucura ou é impossível. Mantenha a energia do seu sonho, preservando-o da opinião alheia.

► Acreditar que o universo conspira a favor de quem acredita que pode. É preciso um desejo intenso para prosseguir em busca do seu sonho.

► Acreditar que nunca é tarde para realizá-lo. Pode ser que você precise adaptar ou transformar seu sonho, mas sempre será possível realizá-lo e viver as experiências que ele representa.

► Manter clareza sobre o que realmente importa para você. Cada qual percebe o mundo de acordo com aquilo que traz dentro de si. Por isso, se o seu grupo não apóia a vida que você quer viver, mude de grupo.

► Saber que não existem limites para o que uma pessoa pode alcançar.

► Utilizar todas as oportunidades para conhecer melhor a si mesmo, superando limites e investindo no seu crescimento, em todas as circunstâncias.

► Fazer acontecer. Se você não estiver encontrando as oportunidades para seguir seu sonho, crie suas oportunidades. Ao ampliar sua percepção sobre si mesmo e sobre o mundo, perceberá que tudo está aí, disponível, desde que você se disponha a encontrar o que procura.

► Confiar em si mesmo e na capacidade de desenvolver as habilidades necessárias para chegar aonde quer estar.

- Levantar, respirar fundo, encarar o mundo e tentar novamente. A vitória chega para os que não desistem, não importa quantas vezes seja preciso recomeçar.

- Manter-se focado em cada passo do caminho, sem se preocupar com o resultado final.

Este livro foi composto na tipologia Berkeley Old Style Book,
em corpo 12/20, impresso em papel off-white 80g/m²,
no Sistema Cameron da Divisão Gráfica da Distribuidora Record.